초등 문해력
향상 프로그램
어휘편

어휘가 보여야
문해력이 자란다

문해력 잡는
초등 어휘력

A-1 단계

· 초등 2~3학년 ·

초등교과서에 나오는 과목별 학습개념어 총망라
★ 문해력 183문제 수록! ★

아울북

문해력의 기본,
왜 초등 어휘력일까?

21세기 교육의 핵심은 문해력입니다. 국어 사전에 따르면, 문해력은 '문자로 된 기록을 읽고 거기 담긴 정보를 이해하는 능력'입니다. 여기에 더해 글을 비판적으로 읽고 자신만의 관점을 가지는 것 역시 문해력이지요. 그러기 위해서는 문장을 이루고 있는 어휘의 뜻을 정확히 알고, 해당 어휘가 글 속에서 어떤 역할을 하고 있는지 깨닫는 과정이 필요합니다.

초등학교 3~4학년 시절 아이들이 배우고 쓰는 어휘량은 7,000~10,000자 정도로 급격하게 늘어납니다. 그중 상당수가 한자어입니다. 그렇기에 학년이 올라가면서 교과서와 참고서, 권장 도서 들을 받아드는 아이들은 혼란스러워 합니다. 해는 태양으로, 바다는 해양으로, 세모는 삼각형으로, 셈은 연산으로 쓰는 경우가 부쩍 늘어납니다. 땅을 지형, 지층, 지상, 지면, 지각처럼 세세하게 나눠진 한자어들로 설명합니다. 분포나 소통, 생태처럼 알 듯 모를 듯한 어려운 단어들이 불쑥불쑥 등장하기 시작합니다.

우리말이니까 그냥 언젠가 이해할 수 있겠지 하며 무시하고 넘어갈 수는 없습니다. 초등학교 시절의 어휘력은 성인까지 이어지니까요. 10살 정도에 '상상하다'나 '귀중하다'와 같이 한자에서 유래한 기본적인 어휘의 습득이 마무리된다는 연구 결과를 내놓은 학자도 있습니다. 반대로 무작정 단어 뜻을 인터넷에서 검색하고 영어 단어를 외우듯이 달달 외우면 해결될까요? 당장 눈에 보이는 단어 뜻은 알 수 있지만 다른 문장, 다른 글 속에 등장한 비슷한 단어의 뜻을 유추하는 능력은 길러지지 않습니다. 문해력의 기초가 제대로 다져지지 않는다는 의미입니다.

결국 자신이 정확하게 알고 있는 단어를 통해 새로운 단어의 뜻을 짐작하며 어휘력을 확장시켜 가는 게 가장 좋습니다. 어휘력이 늘어나면 교과 개념을 정확하게 이해하고, 학습 내용도 빠르게 습득할 수 있지요. 선생님의 가르침이나 교과서 속 내용이 무슨 뜻인지 금방 알 수 있으니까요. 이 힘이 바로 문해력이 됩니다. 〈문해력 잡는 초등 어휘력〉은 어휘력 확장을 통해 문해력을 키우는 과정을 돕는 책입니다.

정춘수 기획위원

문해력 잡는 단계별 어휘 구성

〈문해력 잡는 초등 어휘력〉은 사용 빈도수가 높은 기본 어휘(씨글자)240개와 학습도구어와 교과내용어를 포함한 확장 어휘(씨낱말) 260개로 우리말 낱말 속에 담긴 단어의 다양한 뜻을 익히고 이를 통해 문해력을 키우는 프로그램입니다. 한자의 음과 뜻을 공유하는 낱말끼리 어휘 블록으로 엮어서 한자를 모르는 아이도 직관적으로 그 관계를 파악할 수 있습니다. 초등 기본 어휘와 어휘 관계, 학습도구어, 교과내용어 12,000개를 예비 단계부터 D단계까지 전 24단계로 구성해 미취학 아동부터 중학생까지 수준별 학습이 가능합니다. 어휘의 어원에 따라 자유롭게 어휘를 확장하며 다양한 문장을 구사하는 능력을 기르는 동안 문장 사이의 뜻을 파악하는 문해력은 자연스럽게 성장합니다.

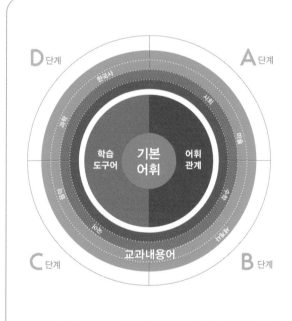

기본 어휘
초등 교과서 내 사용 빈도수가 높고, 일상적인 언어 활동에서 기본이 되는 어휘

어휘 관계
유의어, 반의어, 동음이의어, 도치어, 상하위어 등 어휘 사이의 관계

학습도구어
학습 개념을 이해하고 논리적으로 설명하는 과정에 쓰이는 도구 어휘

교과내용어
국어, 수학, 사회, 과학, 한국사, 예체능 등 각 교과별 학습 내용을 정확히 이해하는 데 필요한 개념 어휘

어휘력부터 문해력까지, 한 권으로 잡기

기본 어휘
하나의 씨글자를 중심으로
어휘를 확장해요.

어휘 관계
유의어, 반의어, 전후
도치어 등의 어휘 관계를
통해 어휘 구조를 이해해요.

확장 어휘
둘 이상의 어휘 블록을
연결하여 씨낱말을 찾고
어휘를 확장해요.

어휘 퍼즐
어휘 퍼즐을 풀며 익힌 어휘를
다시 한번 학습해요.

종합 문제
종합 문제를 풀며
어휘를 조합해 문장으로
넓히는 힘을 길러요.

문해력 문제
여러 어휘로 이루어진 문장의 의미를
파악하고 글의 맥락을 읽어 내는
문해력을 키워요.

1장

일본 사람은 일본인, 우리는 한국인!

人 사람 인

미국 사람은 미국인이라고 하지요? 월드컵 4강에 오른 우리나라는 한국, 우리나라 사람은 한국인이에요.

인(人)은 '사람'이라는 말이니까요.

그럼 다음 빈칸을 채워 볼까요?

人	사람 인

- **소인**(小작을소 人)
  작은 사람
- **대인**(大클대 人)
  큰 사람, 어른
- **거인**(巨클거 人)
  큰 사람

= 중국 ☐   = 일본 ☐

빈칸에 들어갈 말은 중국인, 일본인이에요.

소인은 작은 사람,

소인국에 간 걸리버는

어마어마하게 큰 거인이에요.

거인은 '큰 사람'이라는 말이거든요.

소인   거인

招	人	鍾
부를 초	사람 인	종 종

사람을 불러내는 종

아, 뭉치가 아빠를 발견하고 깜짝 놀랐겠네요.

집에 있을 때, "딩동" 하고 초인종이 울리면 현관문으로 달려가지요? 이렇게 '사람을 불러내는 종'은 부를 초(招), 사람 인(人)을 써서 초인종(招人鐘)이라고 해요.

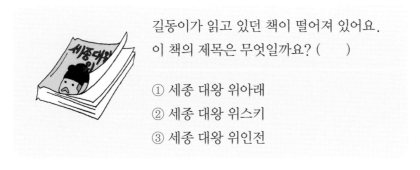

길동이가 읽고 있던 책이 떨어져 있어요.
이 책의 제목은 무엇일까요? (   )

① 세종 대왕 위아래
② 세종 대왕 위스키
③ 세종 대왕 위인전

偉	人
훌륭할 위	사람 인

훌륭한 일을 많이 한 사람

■ 위인전(偉人 傳전기 전)
훌륭한 일을 많이 한 사람들의
전기

■ 노인(老늙을 노 人)
나이가 많은, 늙은 사람

■ 미인(美아름다울 미 人)
아름다운 사람

■ 애인(愛사랑할 애 人)
사랑하는 사람

맞아요. 정답은 ③번, 세종 대왕 위인전이에요.

위인전은 훌륭한 일을 많이 한 사람들의 이야기를 전해 주는 책이지요. 세종 대왕이나 아인슈타인 박사처럼 '훌륭한 일을 많이 한 사람'은 훌륭할 위(偉)를 써서 위인(偉人)이라고 하거든요.

할아버지, 할머니처럼 나이가 많은 사람은
늙을 노(老) 자를 써서 노인(老人)이라고 하고요.
아름다운 사람은 아름다울 미(美) 자를 써서
미인(美人), 사랑하는 사람은 사랑할 애(愛)
자를 써서 애인(愛人)이지요.

🔔 전기는?
전할 전(傳), 기록할 기(記).
훌륭한 일을 한 사람들의 이야기를 기록하여 사람들에게 전해 주는 책이에요.

우아, 낱말 공부를 열심히 한 무는 인간이 되었어요.

인간도 사람을 뜻하는 말이에요.

인간이 된 무는 이제 인간의 무리 속에서 살겠지요?

인간이 무리를 인류라고 해요.

무도 이제 인류에 속하게 되었네요. 짝짝짝.

하지만 공부를 중간에 그만둔 당근은 인간이 못 되고, 인간을 닮은 인삼이 되었어요. 인삼은 몸에 좋은 '삼'이라는 식물의 뿌리인데, 모양이 사람을 닮아서 인삼이라고 하지요.

사람 인(人)이 붙었다고 모두 사람인 것은 아니에요.

人 사람 인

- **인간**(人 間사이 간)

  사람 사이, 서로 섞여 살아가는 사람들

- **인류**(人 類무리 류)

  인간의 무리

- **인삼**(人 蔘삼 삼)

  사람 모양의 삼

- **인형**(人 形모양 형)

  사람의 모양을 닮은 장난감

- **인어**(人 魚물고기 어)

  반은 사람 반은 물고기인 상상 속의 동물

사람을 닮은 장난감은 뭐라고 할까요? (   )

① 나무　　　　② 인형　　　　③ 모형

정답은 ②번이에요. 인형은 사람 모양을 닮은 장난감이지요.

이야기나 상상 속에 나오는 인어도 사람을 닮았어요. 하지만 인어는 반은 사람, 반은 물고기예요.

나도 인어야~ㅋ

인어 공주라고 불러 줘요.

人	工
사람 인	만들 공
사람의 힘으로 만듦	

■ 인공(人工)비
사람의 힘으로 만들어서 내리게 하는 비

■ 인공(人工)눈
사람의 힘으로 만들어서 내리게 하는 눈

■ 인공위성
(人工 衛지킬위 星별성)
지구 주위를 돌도록 사람이 만들어 띄운 물체

우아, 사람의 힘으로 비를 내리게 할 수 있대요!
만들 공(工)이 들어간 인공(人工)은 사람의 힘으로 만든다는 말이거든요. 사람이 만들어 내리게 하는 비는 인공 비,
눈을 만들어 내리게 하면 인공 눈이에요.
인공과 비슷한 말은 인조(人造).
사람이 가짜로 만들어 붙이는 눈썹은
인조 눈썹이고, 인간과 똑같이 말하고
행동하게 만든 로봇은 인조인간이지요.

人	造
사람 인	만들 조
사람의 힘으로 만듦	

■ 인조(人造)눈썹
사람이 가짜로 만들어 붙이는 눈썹

■ 인조인간(人造人間)
인간과 똑같이 말하고 행동하도록 만든 로봇

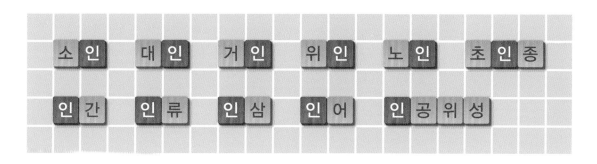

소인 대인 거인 위인 노인 초인종

인간 인류 인삼 인어 인공위성

人
사람 인

소인

대인

거인

초인종

위인

위인전

노인

미인

애인

전기

인간

❶ 공통으로 들어갈 한자를 따라 쓰세요.

거							류
소	초	종	人	조	간	형
위			사람 인			삼

❷ 어떤 낱말에 대한 설명인지 쓰세요.

1) 아름다운 사람 ➡ ☐☐

2) 사람을 불러내는 종 ➡ ☐☐☐

3) 할아버지, 할머니처럼 나이가 많은 늙은 사람 ➡ ☐☐

4) 인간의 무리 ➡ ☐☐

❸ 알맞은 낱말을 찾아 문장을 완성하세요.

1) 내가 가장 존경하는 ☐☐ 은 세종 대왕이야.

2) 로봇은 사람이 만든 ☐☐ 인간이야.

3) ☐☐ 공주는 허리 위는 사람 같고, 허리 아래는 물고기 같아.

4) 생일에 백설 공주를 닮은 ☐☐ 을 선물 받았어.

❹ 문장에 어울리는 낱말을 골라 ○표 하세요.

1) 걸리버가 도착한 곳은 사람들이 작은 (소인국 / 대인국)이야.

2) 내가 사랑하는 (미인 / 애인)이야.

3) 사람을 불러내려면 (초인종 / 위인전)을 눌러야지.

4) 사람 모습을 닮은 식물인 (인삼 / 인형)을 먹으면 힘이 나요.

5 빈칸에 공통으로 들어갈 낱말을 쓰세요.

우리는 한국에서 태어나고 자란

☐☐☐이에요.

월드컵 4강 신화! 외국인도

☐☐☐을 부러워했죠.

6 그림을 보고, 빈칸에 알맞는 낱말을 쓰세요.

1)

 + → ☐☐☐

미 국 + 인

2)

  + → ☐☐☐

한 국 + 인

3)

 + → ☐☐☐

중 국 + 인

인류
인삼
인형
인어
인공
인공 비
인공 눈
인공위성
인조
인조 눈썹
인조인간

씨글자 기본 어휘

우리 가족은 일찍 귀가해요

家
집 가

우아, 제비가 물어 온 박씨로 □□지붕에 주렁주렁 박이 열렸네!

위 그림의 빈칸에 들어갈 말은 뭘까요? (　　)

① 초가　　② 가짜　　③ 가면　　④ 외가

家 | 집 가

■ **초가**(草풀초 家)
풀로 지붕을 이은 집

■ **농가**(農농사농 家)
농사 짓는 사람이 사는 집

■ **가축**(家 畜가축축)
집에서 기르는 짐승

■ **인가**(人사람 인 家)
사람이 살고 있는 집

맞아요. 빈칸에 들어갈 말은 '초가'예요.
초가는 짚이나 갈대 같은 풀로 지붕을 만든 집이에요.
옛날에 시골에서 흔히 볼 수 있었어요.
시골에는 농사를 짓고 사는 사람들이 많겠지요?
농사를 짓고 사는 사람들이 사는 집을 농가라고 해요.
농사짓는 데 필요해서 집에서 키우는 짐승은 가축이에요.
옛날에는 가축이 없으면 농사를 지을 수 없었지요.

그럼 사람이 사는 집은 뭘까요? (　　)

① 폐가　　② 슈가　　③ 인가　　④ 콩가

아니, 어느 놈이 내 **가축**을…

맞아요. 현재 사람이 살고 있는 집은 사람 인(人)을
써서 인가라고 불러요.

家 집가

- **폐가**(廢버려둘 폐 家)
  사람이 버리고 떠난 집
- **흉가**(凶흉측할 흉 家)
  흉측한 느낌을 주는 집
- **생가**(生태어날 생 家)
  태어난 집
- **가구**(家 具갖출 구)
  침대, 식탁 등 집에 갖추어 놓고 쓰는 물건
- **가전제품**(家 電전기 전 製만들 제 品물건 품)
  전기로 움직이게 만들어 집에서 쓰는 물건

산에서 길을 잃었는데, 인가를 만나면 반갑겠죠?

반대로, 폐가는 무섭겠지요. 폐가는 사람이 버리고 떠난 집이라 거미줄도 쳐져 있고, 먼지가 많아서 으스스해요.

흉측한 느낌을 주는 집이라 흉가라고도 해요.

정리해 볼까요? 사람이 사는 집은 ☐☐, 버려진 집은 ☐☐.

이렇게 가(家)는 '집'이라는 뜻으로 쓰여요.

유명한 사람들, 위대한 사람들이 태어난 집은 특별히 생가라고 불러요.

이순신 장군 생가, 김구 선생님 생가처럼 말이죠.

생가에는 유명한 사람들이 쓰던 오래된 가구들이 있기도 해요. 가구는 침대, 식탁, 옷장같이 집에 갖추어 놓고 쓰는 물건들이에요.

그럼 집에서 쓰는 전자제품도 가구일까요? 그렇지 않아요.

냉장고, 세탁기, 텔레비전같이 전기로 움직이게 만든 물건은 가전제품이라고 해요.

밖에 나갔다가 '집에 돌아오는 것'을 귀가라고 하죠.

온 가족이 모이려면 엄마, 아빠, 누나가 모두 귀가해야 해요.

가족은 이렇게 한집에 사는 사람들을 말해요.

- **귀가**(歸돌아올 귀 家)
  밖에 있다가 집에 돌아오는 것
- **가족**(家 族무리 족)
  한집에 사는 사람들

그럼 가족의 대표가 되는 사람은 뭐라고 할까요? (   )

① 가구   ② 가장   ③ 가리비   ④ 가수

정답은 ②번, 가장은 집안의 제일 어른이에요.
가족들이 집에서 지내다
보면 할 일이 참 많아요.
설거지, 청소, 빨래 같은
집안일을 통틀어 가사라
고 해요.
한가족이라면 가사는 서로
조금씩 나누어 하는 게 좋겠지요?

家	집안 가

■ **가장**(家 長어른장)
집안의 제일 어른

■ **가사**(家 事일사)
집안일

■ **가문**(家 門문문)
한집안

■ **가훈**(家 訓가르칠훈)
한집안에 대대로 전해 오는 가
르침

야, 너 뭐하는 거야!

우리 **가문**에 똥칠을 하다니…

가문 좋아하시네.

똥개에게 놀림을 받다니, 감자 군 기분이 나쁘겠어요.
그런데 가문이 뭘까요? 집에 달려 있는 문?
아니에요. 가문은 한집안을 말해요.
할아버지, 할머니, 고모, 사촌 같은 친척이
모두 한 가문이지요.
이처럼 가(家)는 '집안'을 뜻하기도 해요.
한집안에서 대대로 전해 오는 가르침을
그 집안의 '가훈'이라고 해요.

우리는 한 **가문**.

나도?

家 사람 가

- **대가**(大 뛰어날 대 家)
  실력이 뛰어난 사람
- **화가**(畵 그림 화 家)
  그림을 잘 그리는 사람
- **무용가**
  (舞 춤출 무 踊 춤출 용 家)
  춤을 잘 추는 사람
- **건축가**
  (建 세울 건 築 쌓을 축 家)
  건축 일을 잘하는 사람
- **전문가**
  (專 오로지 전 門 분야 문 家)
  어떤 분야를 깊이 있게 아는
  사람
- **공처가**
  (恐 두려울 공 妻 아내 처 家)
  아내를 두려워하는 사람
- **대식가**(大 큰 대 食 먹을 식 家)
  많이 먹는 사람
- **애견가**
  (愛 사랑할 애 犬 개 견 家)
  개를 사랑하는 사람

오호! 감자 군, 엄청 똑똑해졌네요. 맞아요. '대가(大家)'는 아주 큰 집을 말해요. 그런데 다른 뜻도 있어요. 한 방면에서 실력이 아주 뛰어난 사람도 대가라고 해요.

이렇게 가(家)에는 '어떠어떠한 사람'이라는 뜻도 있거든요.

그럼 다음 빈칸을 채워 볼까요?

그림 잘 그리는 사람은 □□,

춤을 잘 추는 사람은 □□□,

집 짓고 다리 놓는 일을 잘하는

사람은 건축가예요.

그리고 화가, 무용가,

건축가처럼 어떤 분야에 대하여

깊이 있게 아는 사람을 전문가라고 하지요.

이것 말고도 가(家) 자가 붙은 재미난 말들이 많아요.

아내를 두려워하는 공처가, 음식을 많이 먹는 대식가,

개를 사랑하는 애견가도 있어요.

친구들도 '가(家)'를 붙여서 재미난 말들을 만들어 봐요.

초 **가**　농 **가**　인 **가**　폐 **가**　귀 **가**　**가** 축

가 족　**가** 장　**가** 구　**가** 문　**가** 훈　화 **가**

家
집 가

초가

농가

가축

인가

폐가

흉가

생가

가구

가전제품

귀가

가족

❶ 공통으로 들어갈 한자를 따라 쓰세요.

초

흉 — 전 제 품 — 家 — 공 처 — 전 문

귀

집 가

무 용

대 식

❷ 어떤 낱말에 대한 설명인지 쓰세요.

1) 농사를 짓는 사람이 사는 집 ➡ ☐☐

2) 사람이 버리고 떠난 집 ➡ ☐☐

3) 한집안에서 대대로 전해 오는 가르침 ➡ ☐☐

4) 밖에 나갔다가 집에 돌아오는 것 ➡ ☐☐

5) 그림을 잘 그리는 사람 ➡ ☐☐

❸ 알맞은 낱말을 찾아 문장을 완성하세요.

1) 아버지는 우리 집의 ☐☐이시지.

2) 주말에는 설거지, 빨래, 청소 등의 ☐☐를 식구들이 나누어 해.

3) 김구 선생님이 태어나신 ☐☐에 다녀왔어.

4) 민아는 개를 사랑하는 ☐☐☐야.

5) 농사를 지으려고 집에서 기르던 ☐☐이 사라졌어.

4 문장에 어울리는 낱말을 골라 ○표 하세요.

1) 사람이 살고 있는 집은 (폐가 / 인가)라고 해.

2) 할아버지, 고모, 사촌 같은 친척은 모두 한 (가문 / 가장)이지.

3) 김 교수님은 어휘 분야를 깊게 아시는 (전문가 / 대식가)셔.

5 그림을 보고, 빈칸에 들어갈 알맞은 낱말을 쓰세요.

1)

 나는 그림을 정말 좋아해. 나는 그림으로 아이들에게 꿈과 희망을 주고 싶어. 그래서 나는 ☐☐ 가 될 테야.

2)

나는 3살 때부터 무용을 배웠어. 계속 연습해서 세계 곳곳에서 공연을 하는 ☐☐☐ 가 되고 싶어.

3)

나는 모형으로 63빌딩, 다리 등을 지어 보는 걸 좋아해. 어른이 되면 세상에서 가장 높은 건물을 짓는 ☐☐☐ 가 되고 싶어.

6 다음 중 나머지와 뜻이 <u>다른</u> 하나를 찾아 ○표 하세요.

생 가   화 가   폐 가

| 가장 |
| 가사 |
| 가문 |
| 가훈 |
| 대가 |
| 화가 |
| 무용가 |
| 건축가 |
| 전문가 |
| 공처가 |
| 대식가 |
| 애견가 |

친하면 다 친구?

親
친할 친

봐, 강아지는 나랑 제일 **친해**!

그럼, 너 강아지랑 **친구**야?

흥! 자기만 **친한**가?

강아지랑 친하면 강아지 친구라고 해도 될까요?
친구는 원래 오랫동안 가까이 지낸 사람을 말해요.
그러니까 사람에게만 쓰는 말이지요. 하지만, 동물도 사람만큼
친한 사이가 될 수 있으니까 강아지랑 친구가 될 수 있겠지요.

| 親 | 친할 친 |

- **친구**(親 舊오랠 구)
  오랫동안 가까이 지낸 사람
- **친절**(親 切정성스러울 절)
  가까우면서 정성스러움

🔔 **동무**

친구는 순 우리말로 '동무'라고
해요.

> 그럼 인사도 잘 받아 주고 우리를 다정하게 대해 주는 학교 앞
> 문구점 아저씨에게 우리는 뭐라고 할까요? (　　)
>
> ① 예쁘다　　　② 야단스럽다　　　③ 친절하다

그렇죠! 그런 분을 우리는 '친절하다'라고 해요.
친절은 가까우면서도 정성스럽다는 말이에
요. 친하기는 해도 무뚝뚝하고 함부로 굴면
친절한 친구가 아니지요.
친하다, 친구, 친절. 모두 '친'이 들어가요.
친(親)은 가깝다는 말이잖아요.
'친'이 들어가는 말들은 그래서 '가깝다'라는
뜻을 가지고 있어요.

어쩜 이렇게
친절하슈~
고마우이.

토닥
토닥

■ **친밀**(親 密 가까울 밀)
친하고 가까움

■ **친밀도**(親 密 度 정도 도)
친하고 가까운 정도

■ **절친**(切 매우 절 親)
아주 친함

■ **친숙**(親 熟 익숙할 숙)
친하고 익숙함

■ **친근**(親 近 가까울 근)
친하고 가까움

■ **친목회**
(親 睦 화목할 목 會 모일 회)
친하고 화목하게 지내는 모임

친밀도가 올라가면 어떻게 될까요?

아하! 게임에서는 친밀도가 높아질수록 캐릭터가 진화한대요!

친할 친(親), 가까울 밀(密). 친밀은 친하고 가까운 거예요.

친밀도는 친하고 가까운 정도를 말하고요.

친절하게 말을 건네고 함께 놀면 더 친하고 가까워지겠죠?

그렇게 해서 많이 친해지면 어떤 사이가 될까요? (   )

① 절친한 사이   ② 친숙한 사이   ③ 친근한 사이

어떤 답을 골랐나요? 미안해요! 사실은 모두 맞는 답이에요.

헤헤. 절친, 친숙, 친근은 아주 친할 때 쓰는 서로 비슷한 말이

거든요.

그럼 친한 사람들끼리 더 화목하게 지내기 위해 만든 모임을
뭐라고 할까요? (   )

① 친목회   ② 학생회   ③ 반상회

정답은 ①번, 친목회예요. 서로 친하고 화목하게 지내는 모임이

바로 친목회지요.

🔔**친목계**
어른들이 친목회도 하면서 돈을 모으는 모임이에요. 옛날에는 은행이 많지 않아서 필요한 돈을 친목계에서 모았대요.

세상에서 나와 제일 친하고 가까운 사람은 누구일까요?

부모님이요!

친구요!

왕~

흰둥이요!

| 親 | 부모 친 |

부친(父 아버지 부 親)
아버지

모친(母 어머니 모 親)
어머니

양친(兩 두 양 親)
두 분 부모

🔔 **선친**
선친(先 먼저 선 親 부모 친)은 돌아 가신 아버지를 말해요. 다른 사 람 앞에서는 '돌아가신 아버지' 라는 말 대신 '선친'이라는 말을 쓰는 것이 좋아요.

잠깐! 흰둥이는 사람이 아니잖아요. 답은 아무래도 부모가 아닐 까요? 나에게 아무리 어려운 일이 닥쳐도 끝까지 내 곁에 계셔 줄 분들은 부모예요.
우리 부모님을 가리키는 말에도 '친' 자가 붙어요.
아버지 부(父), 부모 친(親). 그래서 아버지는 부친이에요.
어머니는 어머니 모(母), 부모 친(親)을 써서 모친이라고 해요.

그럼 아버지와 어머니 두 분을 합쳐서 뭐라고 할까요? (   )

① 두친   ② 어버친   ③ 양친   ④ 쌍친

맞아요, 정답은 ③번, 양친이에요.
양친은 두 분 부모를
가리키는 말이에요.
친(親)에는 이렇게 '부모'
라는 뜻이 있어요.
'양친' 같은 말은 언제 쓸까요?
어른들께서 우리 부모에
대하여 물으실 때 쓰죠.

반갑네.
자네 **양친**은
안녕하신가?

양치질?

양치기?

20

부모 다음으로 나와 가깝고 친한 사람은 누구예요?
언니, 동생, 형 그리고 친척들이지요.

親	가족 친

- 친형
- 친동생
- 친언니
- 친누나
- 친형제(親 兄형형 弟아우 제)
  같은 부모에게서 나온 형과
  아우

그래도 역시 형밖에 없네요. 우리 주변에 형, 동생, 언니, 누나
들은 아주 많아요.
그중에서도 한 부모에게서 태어난 형을 친형이라고 해요.
같은 부모에게서 태어난 형제 자매 앞에는 '친(親)'이 붙어요.
친동생, 친언니, 친누나… 이렇게 말이에요.
이렇게 같은 부모에게서 태어난 형제는? 친형제겠죠!
이때 친(親)은 같은 부모에게서 나온 가족을 뜻해요.

그럼 친척은 뭘까요? 친척(親戚)은 넓게 봤을 때의 가족이에요.
아버지 쪽 가족을 '친(親)'이라고 하고, 어머니 쪽 가족은
'척(戚)'이에요. 양쪽을 합치면 친척이지요. 쉽죠?

親 친할 친	戚 친척 척
부모들의 가족	

🔔 친부모
친엄마는 나를 낳은 엄마예요.
친부모는 나를 낳은 부모지요.
부모가 친부모면 아들은 친아
들이고, 딸은 친딸이에요.

🔔 친지
친지(親친할 친 知알 지)는 가족
은 아니지만 서로 알고 친하게
지내는 사람을 말해요.

친구　친절　친근　절친　친밀　친목회

부친　모친　양친　친형　친형제　친척

親
친할 친

친구

친절

동무

친숙

친근

절친

친밀

친밀도

친목회

친목계

부친

1 공통으로 들어갈 한자를 따라 쓰세요.

절
모 — 부 모 — 親 — 목 회 — 구
선 / 숙
친할 친 / 형

2 어떤 낱말에 대한 설명인지 쓰세요.

1) 오랫동안 가까이 지낸 사람 ➡ ☐☐

2) 아버지와 어머니 두 분 ➡ ☐☐

3) 한 부모에게서 태어난 누나 ➡ ☐☐☐

4) 아버지 가족과 어머니 가족 양쪽 ➡ ☐☐

5) 친하고 화목하게 지내는 모임 ➡ ☐☐☐

3 알맞은 낱말을 찾아 문장을 완성하세요.

1) 다정하게 인사하시는 문구점 아저씨는 ☐☐하셔.

2) 태혁이와 나는 친구 중에서도 아주 친한 ☐☐이야.

3) 어머니는 친한 사람들이 화목하게 지내는 ☐☐☐에 가셨어.

4) 아버지는 ☐☐, 어머니는 ☐☐이야.

5) 부모가 ☐☐☐ 면 아들은 친아들이고, 딸은 친딸이야.

4 문장에 어울리는 낱말을 골라 ○표 하세요.

1) 나를 낳아준 어머니는 (부친 / 모친)이라고 해.

2) 나랑 (친형 / 사촌 형)은 친형제지.

3) 친구 중에서도 아주 친한 친구는 (절친 / 친척)이라고 부르지.

4) 돌아가신 부모님은 (선친 / 양친)이라고 해.

5 알맞은 낱말을 찾아 대화를 완성하세요.

1) 경수 : 새로 생긴 PC 방, 정말 괜찮지?
　민호 : 응, 안내도 잘 해 주시고 정말 ☐☐ 해.

2) 아빠 : 유치원부터 친구인 경수랑 잘 지내지?
　진희 : 그럼요. 가장 친한 ☐☐인 걸요?

3) 선생님 : 그래, ☐☐께서도 건강하시고?
　준혁 : 네, 아버지는 매일 운동하세요.

4) 성우 : 우리는 설날에 ☐☐이 30명이나 모여.
　연아 : 우와! 세뱃돈 엄청 많이 받겠다.

6 다음 중 나머지와 뜻이 <u>다른</u> 하나를 찾아 ○표 하세요.

친 구　　친 절　　친 형

모친 / 양친 / 선친 / 친형 / 친동생 / 친언니 / 친누나 / 친형제 / 친척 / 친부모 / 친지

한집안끼리, 한패끼리

바나나랑 사과가 왜 웃을까요? '한패'는 좋은 일을 하는 사람들에게는 잘 쓰지 않는 표현이라서 그래요.
아래 그림을 보세요. '한패'는 이럴 때 쓰는 말이에요.

여기서 "너도 한패냐?"는 무슨 말일까요? (　　)

① 뭐야, 할 말 있어?
② 뭐야, 너도 같이했어?
③ 뭐야, 넌 어디서 왔어?

그렇지요, 정답은 ②번이에요.
한패는 어떤 일을 같이하는 사람을 말해요.
한은 다른 말 앞에 붙어서 '같다'라는
뜻을 나타내거든요. 더 살펴볼까요?
같은 편은 한편,
같은 마을은 ☐마을,
같은 집안은 ☐집안이에요.

한-
같은

■ 한패
어떤 일을 같이하는 사람
■ 한편
같은 편
■ 한마을
같은 마을
■ 한집안
같은 집안

24

- **한차**
  같은 차
- **한목소리**
  여럿이 같은 목소리를 내는 것
- **한솥밥**
  같은 솥에서 푼 밥
- **한식구**
  한솥밥을 먹는 사람
- **한배**
  같은 엄마의 배
- **한마음**
  같은 마음
- **한뜻**
  같은 뜻

하하하. 똑같은 말이잖아요.
'같은 차'를 다른 말로 한차라고 해요.
이때도 '한'은 '같다'라는 뜻으로 쓰였지요.

그럼 '한목소리'는 무엇일까요?
한목소리는 여럿이 같은
소리를 내는 것을 말해요.
오른쪽 그림에 있는 아이들
은 '한목소리'로 용돈 인상
을 원하고 있네요.

또 무슨 말이 있을까요? 빈칸을 채우며 알아봐요.
같은 솥에서 푼 밥은 [ ]솥밥이에요.
한솥밥을 먹으면 한식구지요.
같은 엄마의 배는 [ ]배고요.
한배에서 난 형제는 엄마가 같아요.
마음이 같으면 [ ]마음,
뜻이 같으면 [ ]뜻이에요.

🔔 한
원래 '한'은 '하나'를 뜻해요. 한
사람, 한 개, 한 마을. 이런 식
으로 말이에요. 어떤 물건이 하
나뿐이면 같이 쓸 수밖에 없겠
지요?

한-

한가운데

■ **한낮**
낮의 한가운데

■ **한밤**
밤의 한가운데

■ **한겨울**
겨울의 한가운데

■ **한여름**
여름의 한가운데

한낮은 낮의 한가운데를 말해요. 낮 12시 정도를 '한낮'이라고 하지요. 한에는 이렇게 '한가운데'란 뜻이 있어요.

> 그럼 '한낮'의 반대말은 뭘까요? (   )
>
> ① 날밤   ② 한밤   ③ 두 밤

🔔 **한가운데**
'정확하게 가운데'라는 말이에요. 이때 '한'은 '정확한'이라는 뜻으로 쓰였어요.

네, 정답은 ②번. 한밤은 밤의 한가운데, 깊은 밤을 말해요.
'한밤중'이라고도 하지요.
그럼 '한겨울'은 무엇일까요?
한겨울은 겨울의 한가운데예요.
맞아요! '한겨울'은 무척 추워요.
겨울이 한창일 때니까요.
한여름은 여름의 한가운데예요.
여름이 한창일 때니까 무척 덥겠지요?

🔔 **이런 말도 있어요**

채소, 과일, 생선이 싱싱하지 않을 때 한물가다라고 말해요. 사람이나 피부도 한창때가 지나면 '한물갔다' 라고 하지요. 하지만 거친 표현이니 조심해서 써야 해요.

감자 군이 한숨을 쉬니 엄마가
한걱정하시겠어요.
하지만, 걱정 마요, 지금부터 열심
히 하면 되잖아요!
그런데, '한숨'은 뭐고 '한걱정'은
뭘까요?

한숨은 어떤 일이 걱정되어 숨을 크게 내쉬는 거예요.

그럼 한걱정은 뭘까요? (   )

① 한 번 걱정   ② 한가운데 걱정   ③ 큰 걱정

네! ③번이에요. 걱정 중에서도 큰 걱정이 한걱정이지요.

으아, 큰일 날 뻔했군요! 이렇게 아주 어렵고
중요한 때를 한고비라고 해요. 큰 고비라는 말이지요.
한고비를 잘 넘겨야 목표를 이룰 수 있겠지요?
이렇게 한에는 '크다'라는 뜻도 있어요.

한-
크다

■ **한숨**
어떤 일이 걱정되어 크게 내쉬
는 숨

■ **한걱정**
큰 걱정

■ **한고비**
아주 어렵고 중요한 때, 큰 고비

🔔 **한밑천**
밑천은 어떤 일을 하는 데 필요
한 돈이나 기술을 말해요.
한밑천은 큰 밑천이라는 뜻이
죠. 큰 도움이 될 수 있는 돈이
나 기술을 뜻하지요.

한패

한편

한마을

한집안

한차

한목소리

한솥밥

한식구

한배

한마음

1 공통으로 들어갈 낱말을 쓰세요.

편
차 마 을
배
같다

낮
목 소 리 숨
뜻

2 어떤 낱말에 대한 설명인지 쓰세요.

1) 같은 마음 ➡ ☐☐☐

2) 한솥밥을 먹는 사람 ➡ ☐☐☐

3) 여름의 한가운데 ➡ ☐☐☐

4) 정확하게 가운데 ➡ ☐☐☐☐

5) 밤의 한가운데, 깊은 밤 ➡ ☐☐

3 알맞은 낱말을 찾아 문장을 완성하세요.

1) 하루 중 햇살이 가장 따뜻한 ☐☐에는 졸음이 쏟아져.

2) 어려운 숙제를 마치고 나니 ☐☐☐ 덜었네.

3) 형과 나는 엄마의 ☐☐에서 난 친형제야.

4) 수학 시험이 걱정되어 ☐☐이 절로 나네.

5) 우리가 원하는 것을 ☐☐☐☐로 외쳤어.

4 문장에 어울리는 낱말을 골라 ○표 하세요.

1) 누나는 걱정스러운지 (한숨 / 한뜻)을 크게 쉬었어.

2) 한낮인데도 (한여름 / 한겨울)에는 추워.

3) 형과 나는 용돈 인상을 요구하며 (한고비 / 한목소리)로 외쳤어.

4) 한솥밥을 먹는 우리는 (한식구 / 한집안)지.

5) 우리는 아울마을에 사는 (한마을 / 한차) 사람들이야.

5 빈칸에 공통으로 들어갈 낱말을 쓰세요.

> 진호 : 우리, 편을 갈라서 윷놀이 하자.
> 철수 : 나는 영희랑 ☐☐ 할래.
> 영희 : 어쩌지? 난 벌써 진호랑 ☐☐ 하기로 했는데….

☐ ☐

6 그림을 보고, 빈칸에 알맞은 낱말을 쓰세요.

1)

☐ ☐ ☐

2)

☐ ☐ ☐ ☐

한뜻

한낮

한밤

한겨울

한여름

한가운데

한숨

한걱정

한고비

한밑천

뾰족한 모, 튀어나온 모

모
뾰족한 것

난 세모야.

난 네모야.

세모에는 뾰족한 부분이 세 개 있어요.

네모에는 뾰족한 부분이 몇 개 있을까요? (　　　)

① 하나　　　　② 둘　　　　③ 셋　　　　④ 넷

맞아요. 정답은 ④번이에요.

그럼, 뾰족한 곳이 다섯 개면 다섯모?

맞아요. 센스가 보통이 아닌데요….

옆의 사진을 보세요.

이름이 왜 다섯모부채게인지 알겠어요?

그래요, 게딱지가 '다섯모'를 닮았잖아요.

이제 '모'가 무슨 말인지 알겠지요?

뾰족하게 튀어나온 곳,

뾰족한 끝을 모라고 해요.

모가 셋이면 세□, 모가 넷이면 네□,

모가 다섯이면 다섯□라고 하죠.

모

뾰족하게 튀어나온 부분

- **세모**
  모가 셋인 모양
- **네모**
  모가 넷인 모양
- **다섯모**
  모가 다섯인 모양

나?
다섯모부채게.

■ **모서리**
튀어나온 가장자리

하하, 그런데 모서리가 뭘까요?
모서리는 '튀어나온 가장자리'를 말해요.
문에도 있고, 계단에도 있고, 책상에도 있지요.
'모'하고 헷갈린다고요? 그럼 옆의 그림을 보세요.
이제 확실히 알겠지요!

그럼 건물의 모서리는 뭐라고 할까요? (　　)

① 건물 모　　　② 건물 모서리　　　③ 건물 모퉁이

건물에는 모서리라는 말을 잘 쓰지 않아요.
이때에는 모퉁이라고 해요.
건물 옆의 모가 난 부분이 건물 모퉁이지요.
모퉁이에서는 건물을 돌아가게 되잖아요?
그래서 길이 꺾이면서 돌아가는 곳을
길모퉁이라고 해요.
모퉁이와 비슷한 말로 '귀퉁이'가 있
어요. 귀퉁이는 물건에서 모가 난 곳
을 말해요.
가방을 오래 쓰면 가방 귀퉁이가 닳
는다고 하지요.

■ **모퉁이**
건물 옆의 모가 난 부분
■ **길모퉁이**
길이 꺾이면서 돌아가는 곳
■ **귀퉁이**
물건의 모가 난 부분
■ **구석**
모퉁이의 안쪽

옆 그림의 돌멩이 좀 보세요.

뾰족뾰족한 게 위험해 보이죠?

물건에 이렇게 튀어나온 곳이 있을 때

모가 나다 또는 모가 지다라고 말해요.

그런데 돌멩이만 뾰족한 것이 아니에요.

마음도 뾰족할 수 있어요. 그래서 '모'는 사람의 성격을 나타내

는 말로도 쓰이지요.

'성격이 모가 났다'는 말은 성격이 까다로운 사람을 가리키는 뜻

이에요.

■ 모가 나다
물건에 뾰족하게 튀어나온 부
분이 있다, 성격이 까다롭다

■ 모가 지다
모가 나다

■ 모난 돌이 정 맞는다
성격이 까다로우면 남에게 미
움을 받는다

우리 속담에 '모난 돌이 정 맞는다'라는 말이 있어요.

성격이 까다로우면 남에게 미움을 받는다는 말이에

요. 하지만, 누구나 그러면서 성격이 다듬어지고 점

점 더 어른스러워지는 거겠죠?

🔔 **이런 말도 있어요**

이모저모는 '이런 면과 저런 면
모두'를 뜻하는 말이에요. 여러 모로는
'여러 면에서 모두'라는 말이지요.
이때 모는 '일의 어떤 면'을 뜻해요.

모

옆

- **모로 눕다**
옆으로 눕다
- **모로 젓다**
고개를 가로로 흔들다
- **모로 가도 서울만 가면 된다**
같은 일을 하더라도 방법은 다를 수 있다

모로 누우라고요? 대체 어떻게 누우라는 말일까요? (　　)

① 옆으로　　　　② 앞으로　　　　③ 뒤로

맞아요. 정답은 ①번이에요.

모로 눕다는 옆으로 눕는 것을 말해요.

이렇게 모는 '옆'을 뜻하기도 해요.

하기 싫은 일 앞에서는 고개를 설레설레 흔들게 되지요?

그게 고개를 모로 젓다예요.

고개를 가로로 흔든다는 말이지요.

또 있어요. 속담 중에 '모로 가도 서울만 가면 된다'라는 말이 있어요.

어떤 식으로 가든 서울만 도착하면 된다는 뜻이지요. 같은 일을 하더라도 방법은 다를 수 있다는 뜻으로 하는 말이에요.

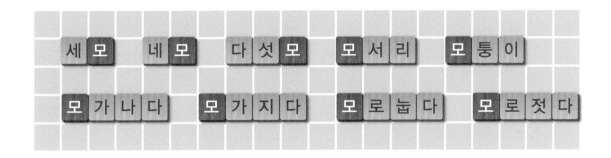

세모　네모　다섯모　모서리　모퉁이

모가나다　모가지다　모로눕다　모로젓다

세모

네모

다섯모

모서리

모퉁이

길모퉁이

귀퉁이

구석

1 공통으로 들어갈 낱말을 쓰세요.

세
네

길 퉁 이

☐
뾰족한 것

이 저

서 리
퉁 이

2 어떤 낱말에 대한 설명인지 쓰세요.

1) 튀어나온 가장자리 ➡ ☐☐☐

2) 건물 옆의 모가 난 부분 ➡ ☐☐☐

3) 모퉁이의 안쪽 ➡ ☐☐

4) 이런 면과 저런 면 모두를 뜻하는 말 ➡ ☐☐☐☐

3 알맞은 낱말을 찾아 문장을 완성하세요.

1) 뾰족하게 튀어난 돌을 ☐☐ ☐이라고 해.

2) 저기 구부러진 ☐☐☐☐를 돌면 우체국이 보여.

3) 책상 ☐☐☐에 무릎을 부딪쳐서 멍들었어.

4) 국어 교과서는 ☐☐ 모양이야.

4 문장에 어울리는 낱말을 골라 ○표 하세요.

1) 모가 셋인 모양은 (세모 / 네모)야.

2) 계단의 튀어나온 가상자리는 (모서리 / 모퉁이)야.

3) 고개를 가로로 흔드는 것을 (모로 눕다 / 모로 젓다)라고 해.

4) 성격이 까다로우면 남에게 미움을 받는다는 뜻의 속담은
   (모난 돌이 정 맞는다 / 모로 가도 서울만 가면 된다)야.

5 다음 그림에 알맞는 속담을 고르세요. (   )

① 모난 돌이 정 맞는다.

② 모로 가도 서울만 가면 된다.

③ 낫 놓고 기억자도 모른다.

6 그림을 보고, 빈칸에 들어갈 알맞은 낱말을 쓰세요.

1) 감자 군 방의 창문은 ☐☐ 모양입니다.

2) 야구방망이는 방 한쪽 ☐☐ 에 있습니다.

3) 책은 책상 위 ☐☐☐ 에 걸쳐 있습니다.

| 이모저모 |
| 여러 모로 |
| 모난 돌이 정 맞는다 |
| 모가 나다 |
| 모가 지다 |
| 모로 눕다 |
| 모로 젓다 |
| 모로 가도 서울만 가면 된다 |

어머, 친구들이 서로 닮았네요. 무엇이 닮았나요? (　　　)

① 마음 　　　　② 생각 　　　　③ 모양

맞아요. ③번, 모양이 닮았어요. 모두 동그랗게 생겼지요.
모양은 '생김새'를 뜻하는 말이에요.
세상에는 여러 가지 모양이 있어요.
세모처럼 생긴 세모 모양, 네모처럼 생긴 네모 모양,
동그라미처럼 생긴 동그라미 모양도 있지요.

색깔이 달라도, 크기가 달라도, 생긴 것이 비슷하면
같은 모양이라고 해요.

모양
생김새

- 세모 모양
- 네모 모양
- 동그라미 모양

다음 중 모양이 다른 하나는 무엇일까요? (   )

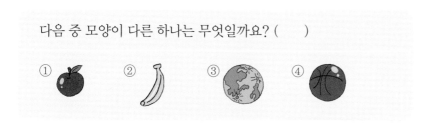

너무 쉽죠? 정답은 ②번이에요. 모두 동그란 모양인데 하나만
길쭉한 모양이잖아요.

아하! 생긴 모양대로 '모양자'를 통과하는 놀이네요.
모양자는 생김새를 본떠서 그릴 수 있는 자를 말해요.
'모양자'를 종이에 대고 따라 그리면
재미난 모양을 그릴 수 있지요.

오른쪽 그림에 '꼬락서니' 대신 '모양'이라는 말을 넣어 보세요.
"얼굴 모양 하고는… ."
그래요. 자장면이 잔뜩 묻어 얼굴 모양이
엉망이 되었다는 말이에요.
모양은 이렇게 겉으로 나타나는 생김새나
모습을 말해요.
꼬락서니는 모양을 비꼬아서 하는 말이거든요.
그러니까 듣는 사람이 기분 나빠 할 수 있으니
조심해서 써야겠죠?

■ **모양자**

생김새를 본떠서 그릴 수 있는
자

🔔 **자**

'자'는 길이를 잴 때 쓰는 물건
이에요.

얼굴 **꼬락서니**
하고는…

모양과 비슷한 말로 모양새가 있어요.

모양새는 생긴 모양과 형편을 말해요.

그렇다면 옷을 차려입은 모양은 뭐라고 할까요? (   )

① 모양새   ② 옷차림새   ③ 생김새

설마 모양새라고 대답한 친구는
없겠지요?

정답은 ②번, 옷차림새죠.

옷차림새는 옷매무새라고도
해요. 옷을 차려입은
모양이라는 말이지요.

옷매무새 좀
단정히 해라.

생김새는
비슷한데…
이상하단 말이야.

생김새는 생긴 모양을 말해요.
맨 뒤의 새가 '모양'을 뜻하는
말이거든요.

그 밖에 또 어떤 말에 '새'가
붙을까요?

오른쪽 그림을 보세요.

나무를 끼우면 잘 들어맞
겠지요?

짜임새가 있다는 말은 모양이 잘 맞아떨어진다는 뜻이에요.

서로 맞아떨어지는 모양이 짜임새거든요.

옷감의 짜임새를 말할 때도 글의 내용이 앞뒤가 잘 맞을 때도
짜임새가 좋다고 하죠.

-새

모양

■ **모양새**
생긴 모양과 형편

■ **옷차림새 = 옷매무새**
옷을 차려입은 모양

■ **생김새**
생긴 모양

■ **짜임새**
서로 맞아떨어지는 모양

■ **짜임새가 있다**
모양이 잘 맞아떨어진다

🔔 꼴

'꼴'도 '모양'과 비슷한 말이에
요. 하지만 '꼴'에는 좋지 않은
뜻도 들어 있지요. '꼴불견',
'꼴사납다'란 말은 하는 짓이 우
습거나 흉하다는 말이에요. 그
러니까 조심해서 써야겠죠!

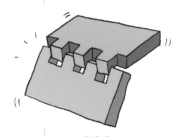

짜임새

나, 비행기 갖고 싶단 말야!

모형으로 만족하면 안될까?

模 본뜰 모

- **모형**(模 型모양형)
물건의 모양을 본떠 비슷하게 만든 것
- **모방**(模 倣배울방)
본떠서 따라 배움

模 본뜰 모 / 範 본보기 범
본보기로 삼아 본떠 배울 만한 것

- **모범생**(模範 生날생)
- **모범상**(模範 賞상상)

비행기 같은 것은 너무 크고 비싸서 가질 수가 없잖아요.

그럴 땐 그 모양을 본떠서 비슷한 것을 만들지요.

이것을 모형이라고 해요.

모형의 모(模)가 '본뜨다'를 뜻하거든요.

자, 그럼 다음 빈칸을 채워 볼까요?

비행기를 본떠 만든 것은 비행기 모형,

자동차를 본떠 만든 것은 자동차 □□,

잠수함을 본떠 만든 것은 잠수함 □□이에요.

물건 말고 다른 것도 본뜰 수 있어요.

모범(模範)은 본보기로 삼아 본떠서 배울 만한 것을 말해요.

본보기가 될 만하게 행동하는 학생은 모범생,

그런 학생에게 주는 상은? 모범상이지요!

그런 상을 받고 싶으면 '모방'을 해 보세요.

모방은 본떠서 따라 배우는 거지요. 공부 잘하는 친구의 공부하는 법을 따라 하면, 언젠가 나도 공부를 잘하게 될 거예요.

모조품이닷. 망했다!

🔔 **모조품**
모조품(模본뜰 모 造만들 조 品물건 품)은 진짜처럼 보이도록 본떠 만든 가짜예요. '모형'과 달리 진짜와 구분하기 어렵지요.

모양자　모양새　옷차림새　짜임새

생김새　모형　모방　모범생　모조품

모양

세모 모양

네모 모양

동그라미 모양

모양자

꼬라지

모양새

옷차림새

옷매무새

생김새

1 공통으로 들어갈 낱말을 빈칸에 쓰세요.

- 아이들 머리 ☐양이 다양해졌습니다.
- 나는 착하고 공부도 잘하는 ☐범생입니다.
- 전시회에 가면 비행기 ☐형들을 잔뜩 볼 수 있습니다.

→ ☐

2 어떤 낱말에 대한 설명인지 쓰세요.

1) 생김새를 본떠서 그릴 수 있는 자 → ☐☐☐

2) 물건의 모양을 본떠 비슷하게 만드는 것 → ☐☐

3) 옷을 차려입은 모양 → ☐☐☐☐

4) 진짜처럼 보이게 본떠서 만든 가짜 물건 → ☐☐☐

3 알맞은 낱말을 찾아 문장을 완성하세요.

1) 울긋불긋 화려한 꽃들은 그 ☐☐☐ 가 다 달라요.

2) ☐☐☐ 은 진짜처럼 보여서 구분하기 힘들어.

3) 모범생 태혁이가 ☐☐☐ 을 받았어요.

4) 비행기 모양을 본떠 만든 ☐☐ 비행기를 샀어요.

4 문장에 어울리는 낱말을 골라 ○표 하세요.

1) 옷 단추가 풀렸구나! (옷짜임새 / 옷차림새)를 단정히 해.

2) 이것은 잠수함을 본떠서 만든 (모형 / 모방)이야.

3) 삼각자는 (세모 모양 / 네모 모양)이에요.

4) 네가 형이니까 동생의 (모범 / 모방)이 되어야겠지?

5 빈칸에 들어갈 알맞은 낱말을 쓰세요.

1)

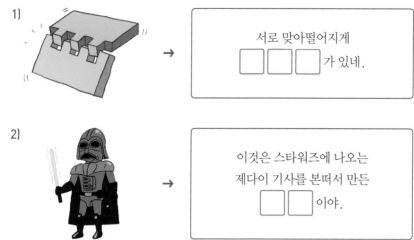

→ 서로 맞아떨어지게
☐☐☐ 가 있네.

2)

이것은 스타워즈에 나오는
제다이 기사를 본떠서 만든
☐☐ 이야.

| 짜임새 |
| 짜임새가 있다 |
| 꼴 |
| 모형 |
| 모방 |
| 모범 |
| 모범생 |
| 모범상 |
| 모조품 |

6 그림을 보고, 빈칸에 들어갈 알맞은 낱말을 쓰세요.

헉, 옷을 홀랑 벗고
다니다니!
정말 ☐사납네.

어머나,
임금님이 미치셨나
저 ☐이 뭐람.

→ ☐

유아나 아동이나 모두 다 어린아이!

幼 兒
어릴 유 | 아이 아

유의 한자

'아이'나 '어리다'의 뜻을 담고 있는 한자가 여러 개 있어요. 바로 유(幼), 아(兒), 동(童)이에요. '유, 아, 동' 글자들이 들어가는 단어를 한 번 떠올려 보세요. 유아, 아동, 동요, 유치원…. 모두 어린아이와 연관이 있네요.

어리다를 뜻하는 유(幼)

유아는 학교에 다니기 전의 어린아이를 뜻해요. 유아원은 유치원에 들어갈 나이가 안 된 어린아이들이 다녀요. 요즘에는 어린이집이라고 하지요.

유치원은 초등학교에 들어가기 전의 어린이들을 교육하는 기관이에요. 그럼 유치는 세련되지 못할 때 쓰는 말일까요? 그런 뜻도 있지만 어린 나이를 뜻하기도 해요.

그럼, 유충은 뭘까요? 유충을 우리말로 애벌레라고도 해요. 알에서 나온 뒤 아직 다 자라지 못한 상태에 있는 벌레지요.

아이를 뜻하는 아(兒), 동(童)

'아(兒)' 자는 한자로 아이라는 뜻을 담고 있어서 '아' 자로 끝나는 말 중에는 아이와 연관된 낱말들이 많아요.

幼 兒
어릴 유 | 아이 아

학교에 다니기 전의 어린아이

■ **유아원**(幼兒 園동산 원)
유아를 돌보고 가르치는 시설

■ **유치원**(幼 稚어릴 치 園)
초등학교에 들어가기 전의 어린이들을 교육하는 기관

■ **유치**(幼稚)
어린 나이의 아이

■ **유충**(幼 蟲벌레 충)
알에서 나온 뒤 아직 다 자라지 않은 어린 벌레 = 애벌레

아동은 아이라는 뜻의 한자어가 두 번 겹쳐져서 어린아이라는 뜻이에요.

놀이공원에서 아이를 잃어버리면 부모님들이 경찰서에 신고를 해요. 경찰관은 잃어버린 아이가 여아인지 남아인지 물어보겠죠? 이때 여아는 여자아이, 남아는 남자아이를 뜻하죠.

이렇게 길이나 집을 잃고 헤매는 아이를 미아라고 해요.

부모가 없는 아이는 고아라고 부르지요.

그럼, 육아는 무슨 뜻일까요?

육아는 부모가 어린아이를 기르는 일을 말해요.

다음 단어들의 공통점을 생각해 보세요.

동화, 동시, 동요, 동심, 동안…. 모두 아이 동(童)자가 들어가니, 어린아이와 연관이 있다는 걸 짐작할 수 있겠죠?

동화는 어린아이가 읽고 즐길 수 있는 이야기,

동시는 아이가 짓거나 아이들의 세계를 담은 시,

동요는 아이가 즐겨 부를 만한 노래를 말하지요.

어른이 아이처럼 순진하면 동심을 가졌다고 말해요.

동심은 본래 어린아이의 순진한 마음을 뜻하거든요.

동안은 어른들이 들으면 기분 좋은 말이에요. 아이같이 어려 보이는 얼굴을 뜻하거든요. 어른이지만 아이처럼 얼굴이 어려 보일 때 쓰는 말이랍니다.

- **아동**(兒아이아 童아이동)
  어린아이
- **여아**(女여자녀 兒)
  여자아이
- **남아**(男남자남 兒)
  남자아이
- **미아**(迷헤맬미 兒)
  길이나 집을 잃고 헤매는 아이
- **고아**(孤외로울고 兒)
  부모가 없는 아이
- **육아**(育기르다육 兒)
  부모가 아이를 기르는 일
- **동화**(童 話말씀화)
  어린아이가 읽고 즐길 수 있는 이야기
- **동시**(童 詩시시)
  아이가 짓거나 아이들의 세계를 담은 시
- **동요**(童 謠노래요)
  어린아이가 즐겨 부를 노래
- **동심**(童 心마음심)
  아이처럼 순수한 마음
- **동안**(童 顔얼굴안)
  아이처럼 어려 보이는 어른의 얼굴

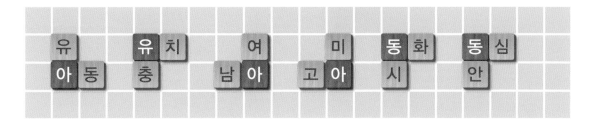

규범을 잘 지키면 모범적이지요

規 範
법 규 법 범

유의 한자

규범은 사람들이 마땅히 따라야 할 본보기나 기준이에요. 법 규(規)와 법 범(範), 두 글자가 합쳐진 말이지요. 신호등 앞에서 신호를 기다리는 것, 어른을 공경하는 것 등이 규범이지요.
어렵다고요? 규(規) 자가 들어가면 법칙과 관련된 말, 범(範) 자가 들어가면 본보기와 관련된 말이라고 생각하면 쉬워요.
법칙을 잘 지키는 학생을 모범생이라고 하지요? 바로 본보기가 되는 학생이라는 뜻이에요.

법칙을 뜻하는 규(規)

많은 사람이 함께 살아가기 위해서는 지켜야 할 법칙이 많아요.
여럿이 지키기로 정한 약속은 규약,
법은 규율, 법칙은 규칙이에요.
맞춤법이나 운동 경기 등의 법칙을 정한 것은 규정이지요. 이런 것들은 무엇을 하자고 정하는 것이에요.

| 規 | 範 |
| 법 규 | 법 범 |

사람들이 마땅히 따라야 할 본보기나 기준

■ **모범생**(模본뜰모 範 生날생)
법칙을 잘 지켜 본보기가 되는 학생

■ **법칙**(法법법 則법칙칙)
반드시 지켜야만 하는 규범

■ **규약**(規 約맺을약)
여럿이 지키기로 정한 약속

■ **규율**(規 律법율)
여럿이 지키기로 정한 법

■ **규칙**(規 則)
여러 사람이 함께 지키기로 정한 법칙

■ **규정**(規 定정할정)
지키기로 정해 놓은 규칙

44

반면에 무엇을 하지 말자고 막는 것은 규제이고요.

이렇게 정해 놓은 것은 물건에도 있어요.

편지 봉투처럼 작은 물건도 공통으로 쓰이는 크기, 모양, 색깔 기준을 미리 정해 놓지요. 이런 걸 규격이라고 해요.

그릇, 이불 같은 생활용품이나 텔레비전, 냉장고 등의 전자 제품도 크기에 따라 정해진 규격이 있어요.

본보기가 될 만한 틀이나 제도는 규모라고 해요.

어떤 제도나 시설을 모두 갖추고 있을 때 '규모를 갖추다.'라고 말해요.

본보기가 되는 범(範)

이번 수학 시험 **범위**는 분수예요.

으악, 너무 **광범위**하다고요!

어떤 것이 정해지거나 미치는 테두리를 범위라고 해요. 범위가 아주 넓을 때 '광범위하다'라고 말하죠. 시험 범위가 광범위하면 공부하기 힘들겠죠?

범주는 같은 성질을 가진 부류나 범위를 말해요. 예를 들어 문학의 범주에는 시, 일기, 편지 같은 것이 있고, 외국어의 범주에는 영어, 중국어 등이 있지요.

외국어나 운동을 잘하는 사람들이 종종 모범적인 모습을 보이기도 해요. 바로 시범이에요. 각종 운동 경기에 앞서 시범 경기를 한답니다.

규제(規 制금할 제)
무엇을 하지 못하게 막음

규격(規 格격식 격)
물건의 크기, 모양, 색깔 등을
미리 정해 놓은 기준

규모(規 模본받을 모)
본보기가 되는 틀이나 제도

범위(範 圍둘레 위)
어떤 것이 정해지거나 미치는
테두리

광범위(廣넓을 광 範圍)
범위가 아주 넓음

범주(範 疇밭 주)
같은 성질을 가진 부류나 범위

시범(示보일 시 範)
모범을 보임

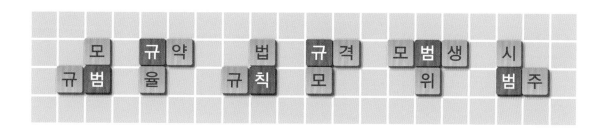

낱말밭 블록 맞추기  幼 兒
어릴 유 / 아이 아

1 공통으로 들어갈 낱말을 쓰세요.

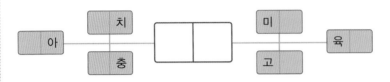

아	치		미	육
	충		고	

유아
유아원
유치원
유치
유충
아동
여아
남아
미아
고아
육아
동화
동시
동요
동심
동안

2 주어진 낱말을 넣어 문장을 완성하세요.

1) 유 아 원
   치
   원

   7살 민경이는 ☐☐☐에 다니고, 동생은 ☐☐☐에 다녀요.

2)   남
   여 아

   ☐☐는 여자아이를, ☐☐는 남자아이를 말해요.

3) 동 요
   화

   신데렐라는 어린이가 읽는 ☐☐이고, 곰 세 마리는 어린이가 즐겨 부르는 ☐☐지요.

4) 동 시
   심

   아이들과 함께 ☐☐를 읽으니, ☐☐의 세계로 돌아간 듯해요.

3 문장에 어울리는 낱말을 골라 ○표 하세요.

1) 놀이공원에서 길을 잃은 (미아 / 고아)를 보면 엄마를 찾아주세요.

2) 철수는 부모님 없이 (육아 / 고아)로 자랐지만, 훌륭한 성악가가 되었어요.

3) 엄마는 회사에서 책을 만들고, 집에서는 (육아 / 동아)를 동시에 하시는 슈퍼우먼이에요.

4) 고모는 (동안 / 동심)이어서 나이보다 어려 보인다는 말을 들어요.

5) 알에서 깨어난 사슴벌레 (유충 / 유아)은(는) 너무 귀여워요.

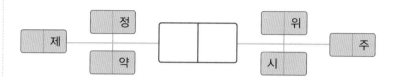

낱말밭 블록 맞추기 規範 법규 법범

① 공통으로 들어갈 낱말을 쓰세요.

제 — 정 / 약 — □□ — 위 / 시 — 주

규범

모범생

법칙

규약

규율

규칙

규정

규제

규격

규모

범위

광범위

범주

시범

② 주어진 낱말을 넣어 문장을 완성하세요.

1) 규 약 / 율

여럿이 지키기로 정한 약속은 □□, 여럿이 지키기로 정한 법은 □□이다.

2) 규 정 / 제

무엇을 지키기로 정해 놓은 규칙은 □□, 무엇을 하지 못하게 막는 것은 □□이다.

3) 광 / 범 위 / 위

어떤 것이 정해지거나 미치는 테두리는 □□, 범위가 넓은 것은 □□□이다.

4) 모 / 규 범 / 생

사람들이 마땅히 따라야 할 본보기나 기준은 □□, 법칙을 잘 지켜 본보기가 되는 학생은 □□□이다.

③ 문장에 어울리는 낱말을 골라 ○표 하세요.

1) 우편물을 보낼 때에는 (규격 / 규범)에 맞는 봉투를 사용해야 해.

2) 어제 네가 보여 준 격파 (범주 / 시범)은(는) 정말 멋졌어.

3) 건강에 좋지 않은 물건의 수입은 (규정 / 규제)해야 해.

4) 축구 경기를 할 때에는 (규격 / 규정)을 잘 지켜야 해.

5) 문학의 (규모 / 범주)에는 시, 소설, 수필 같은 것이 있어.

도와 검, 칼날이 어느 쪽에?

刀 劍
칼 도 칼 검

유의 한자

내 **단도**를 받아랏!

흥, 단도보다는 장검이지! 내 **장검** 맛 좀 봐라!

칼을 가리키는 두 개의 한자어가 있어요. 바로 칼 도(刀)와 칼 검(劍)이에요. 도(刀)는 칼날이 한쪽에만 있는 칼을 말하고, 검(劍)은 칼날이 양쪽에 있는 칼을 뜻해요. 도와 검을 아울러 가리킬 때 도검이라고 하지요.

날이 한쪽에만 있는 칼, 도(刀)

날이 한쪽에만 있는 도(刀)를 살펴볼까요?

과일을 깎는 칼은 과☐,

무기로 쓰는 짧은 칼은 단☐,

몸에 난 털을 칼로 깎는 것은 면☐,

몸에 난 털을 쉽게 깎을 수 있도록 만든 기구를 면도기라고 하지요.

이 외에도 대나무로 만든 칼을 뜻하는 죽도,

은으로 만든 장식용 칼인 은장도가 있어요.

은장도는 옛날 여자들이 몸을 꾸미거나 위험한 상황에 처했을 때 자신을 지키기 위하여 사용했어요.

도(刀)가 들어간 말 중에 조금 어려운 낱말도 있어요.

刀 | 劍
칼 도 | 칼 검

칼날이 한쪽인 칼과 양쪽에 있는 칼을 아울러 이르는 말

- **과도**(果과일 과 刀)
과일을 깎는 칼

- **단도**(短짧을 단 刀)
무기로 쓰는 짧은 칼

- **면도**(面얼굴 면 刀)
몸에 난 털을 칼로 깎는 것

- **면도기**(面 刀 器도구 기)
몸에 난 털을 쉽게 깎을 수 있도록 만든 기구

- **죽도**(竹대나무 죽 刀)
대나무로 만든 칼

- **은장도**(銀은은 粧꾸밀 장 刀)
은으로 만든 장식용 칼

이 환자 수술은 내가 **집도**하겠소.

집도는 잡을 집(執)과 칼 도(刀)가 만나 '칼을 잡다.'라는 뜻이에요. 의사가 수술이나 해부를 할 때 쓰는 칼인 메스를 잡는 것을 말하지요.

어쨌든 칼은 무엇인가를 베는 데 사용하니까 안전하게 사용하는 것이 중요하겠죠?

- **집도**(執잡을 집 刀)
  칼을 잡음
- **검술**(劍 術재주 술)
  검으로 싸우는 기술
- **검객**(劍 客손 객)
  칼을 써서 싸우는 사람
- **단검**(短짧을 단 劍)
  길이가 짧은 칼
- **장검**(長길 장 劍)
  길이가 긴 칼
- **명검**(名이름 명 劍)
  이름난 칼, 좋은 칼

날이 양쪽에 있는 칼, 검(劍)

이제 검(劍)이 들어가는 낱말들을 살펴볼까요?

옛날에 총이 발달하기 전까지는 검을 들고 싸우는 일이 많았어요. 그래서 검으로 싸우는 기술인 검술이 필요했지요.

검술을 써서 싸우는 사람은 검객이에요.

그러면 검술에 사용한 검에는 어떤 것들이 있었을까요?

우선 단도와 마찬가지로 길이가 짧은 칼인 단검이 있어요.

물론 단도는 날이 한쪽에만 있고, 단검은 날이 양쪽에 있겠지요?

긴 칼은 장검이라고 해요. 장검도 단검과 마찬가지로 날카로운 날이 칼의 양쪽에 있어요.

때때로 검은 그 성능에 따라 유명해지기도 해요.

아서 왕의 검으로 유명한 엑스칼리버처럼 검의 성능이 좋아서 이름난 칼은 이름 명(名)을 붙여 명검이라고 하지요.

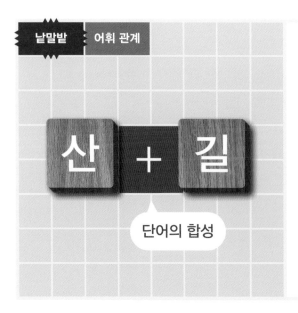

단어의 합성

산에는 산길, 언덕에는 언덕길

그림에서 길은 언덕길일까요? 산길일까요? 길에도 여러 가지 이름이 있어요. 산길, 언덕길, 들길, 골목길, 숲길…. 모두 하나같이 예쁜 우리말 이름들이에요. 이러한 이름들은 대체 어떻게 붙여졌을까요? 대부분 길이 어디에 나 있느냐 또는 그 길을 다니는 교통수단에 따라 이름이 붙여졌지요.

길이 어디에 나 있느냐

언덕길은 언덕 위에 난 길을, 산길은 산에 난 길을 말해요.
그럼, 들길은 어디에 나 있는 길일까요?
맞아요. 들에 나 있는 길이에요. 골목길은 골목을 따라 길게 난 길이지요.
그럼, 오르막길과 내리막길은 어떤 길일까요? 두 길은 모두 산이나 언덕에서 비스듬히 기울어진 곳에 있어요.

오르막길은 낮은 데서 높은 곳으로 이어진 비탈길이고, 내리막길은 높은 데서 낮은 곳으로 이어진 비탈길이지요.

산길
산에 난 길

- **언덕길**
  언덕에 난 길
- **들길**
  들에 나 있는 길
- **골목길**
  골목을 따라 길게 난 좁은 길
- **오르막길**
  낮은 데서 높은 곳으로 이어진 비탈길
- **내리막길**
  높은 데서 낮은 곳으로 이어진 비탈길

사이시옷(ㅅ)이 붙어 있는 길

고갯길, 뱃길, 바닷길, 갓길, 찻길, 샛길의 이름을 살펴봐요.
모두 우리말로 된 길들이에요. 그런데 길 이름에 모두 사이시옷(ㅅ)
이 붙어 있네요. 사이시옷은 길 앞에 붙는 단어들이 모두 받침 없
는 모음으로 끝나기 때문에 붙은 거예요.

고갯길 = 고개 + ㅅ + 길	갓길 = 가 + ㅅ + 길
바닷길 = 바다 + ㅅ + 길	뱃길 = 배 + ㅅ + 길
찻길 = 차 + ㅅ + 길	샛길 = 새(사이) + ㅅ + 길

고갯길은 고개를 오르내리는 길이에요.
갓길은 큰길의 가장자리에 난 길이고요.
물에도 길이 있어요. 뱃길은 배가 다니는 길이고요.
바닷길은 배를 타고 바다를 건너서 가는 길이에요.
찻길은 자동차나 기차가 다니는 길이지요.
그럼, 샛길은 새가 다니는 길일까
요? 아니에요. '새'는 '사이'의 준말
로 샛길은 큰길 사이에서 두 길을 연
결해 주는 작은 길을 말해요.
샛길과 비슷한 지름길은 빨리 가기
위해 가깝게 질러서 가는 길이지요.
이와 반대로 곧바로 가지 않고 멀리 돌아서 가는 길은 길 로(路)
자를 써서 우회로라고 해요.

길이 막히니까
샛길로 가야겠군.

■ **고갯길**
고개를 오르내리는 길

■ **갓길**
큰길의 가장자리에 난 길

■ **바닷길**
배를 타고 바다 건너서 가는 길

■ **뱃길**
배가 다니는 길

■ **찻길**
자동차나 기차가 다니는 길

■ **샛길**
사이에 난 작은 길

■ **지름길**
가깝게 질러 빨리 갈 수 있는 길

■ **우회로**
(迂멀우 廻돌회 路길로)
멀리 돌아서 가는 길

🔔 **사이시옷**
고갯길, 뱃길처럼 '길' 자 앞에
붙은 단어들이 모두 받침이 없
는 모음으로 끝나면 사이시옷
(ㅅ)이 붙어요.
소리 내기 펴하게 하려고 모습
이 살짝 달라진 거예요.

	산			들			갓		찻			샛	
언	덕	길	골	목	길	고	갯	길	뱃	길	지	름	길

刀 칼 도   劍 칼 검

1 공통으로 들어갈 낱말을 쓰세요.

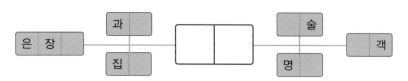

도검
과도
단도
면도
면도기
죽도
은장도
집도
검술
검객
단검
장검
명검

2 주어진 낱말을 넣어 문장을 완성하세요.

1) 검 객 / 술

훌륭한 ☐☐은 언제나 ☐☐을 연마하는 데 시간을 아끼지 않는다.

2) 단 / 죽 도

무기로 쓰는 짧은 칼은 ☐☐, 대나무로 만든 칼은 ☐☐이다.

3) 단 / 장 검

날이 양쪽에 있는 짧은 칼은 ☐☐, 날이 양쪽에 있는 긴 칼은 ☐☐이다.

3 문장에 어울리는 낱말을 골라 ○표 하세요.

1) 실력 있는 의사가 수술을 (집도 / 단도)했으니 금방 나을 거야.

2) 과일 깎게 (과도 / 면도) 좀 가져오렴.

3) 아서왕의 검 엑스칼리버는 아주 훌륭한 (장검 / 명검)이었지.

4 다음 밑줄 친 낱말 중에 '칼'을 뜻하지 않는 것을 고르세요. ( )

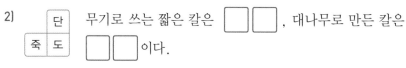

① 이 장검은 우리 가문의 가보일세.

② 걱정이 과도해서 잠을 못 자는 날이 많아.

③ 이 사람은 뛰어난 검술로 유명하다더군.

④ 조선 시대에는 여자들이 자신을 지키기 위해 늘 은장도를 지니곤 했대.

① 공통으로 들어갈 낱말을 쓰세요.

골목 — 들 · 갓 — 산□ — 찻 · 뱃 — 바 닷

② 주어진 낱말을 넣어 문장을 완성하세요.

1)
산 길 / 들

산에 난 □□을 지나, 들에 난 □□을 지나서 놀이동산에 도착했어.

2)
골 / 목 / 지 름 길

저기 골목에 난 □□□이 학교로 빨리 갈 수 있는 □□□이야.

3)
뱃 / 찻 길

배가 다니는 길은 □□, 자동차나 기차가 다니는 길은 □□이에요.

③ 문장에 어울리는 낱말을 골라 ○표 하세요.

1) 눈이 내리면 동네 (바닷길 / 내리막길)은 눈썰매장으로 바뀌었어.
2) 울릉도 동남쪽 (샛길 / 뱃길) 따라 200리에 독도가 있어.
3) 길이 막히니까 (우회로 / 고갯길)로 돌아가는 게 좋겠어.

④ 낱말의 관계가 [보기]와 다른 것을 고르세요. (   )

> **보기**   고개 + 길 = 고갯길

① 새+길 = 샛길   ② 차+길 = 찻길   ③ 내리막+길 = 내리막길
④ 배+길 = 뱃길   ⑤ 바다+길 = 바닷길

산길
언덕길
들길
골목길
오르막길
내리막길
고갯길
갓길
바닷길
뱃길
찻길
샛길
지름길
우회로

지구의 절반은 남자, 지구의 절반은 여자

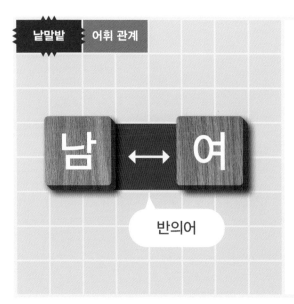

반의어

아빠, 오빠, 할아버지는 남자이고 엄마, 언니, 할머니는 여자예요. 남자, 여자를 줄여서 남녀라고도 해요. 그럼 이 세상에 남자가 더 많을까요? 여자가 더 많을까요? 글쎄요. 절반은 남자, 절반은 여자이지 않을까요? 그래서인지 남과 여(녀)를 붙여서 서로 반대되는 뜻으로 사용되는 말들이 많아요.

남(男)과 여(女)로 반대가 되는 낱말

남녀를 성별로 구분하면 남자는 남성, 여자는 여성이라고 하지요.

> 미남 (얼굴이 아름다운 남자) ↔ 미녀 (얼굴이 아름다운 여자)
> 장남 (맏이인 남자) ↔ 장녀 (맏이인 여자)
> 득남 (남자아이를 낳음) ↔ 득녀 (여자아이를 낳음)

어때요? 단지 남자와 여자라는 것만 다르면서 서로 반대되는 뜻의 낱말이 되었죠?
이뿐인가요? 남장은 여자가 남자처럼 옷을 입고 꾸미는 것을, 여장은 남자가 여자처럼 옷을 입고 꾸미는 것을 말해요.

男 남자 남	女 여자 여
남자와 여자	

■ **남자**(男 子아들 자)
남성으로 태어난 사람

■ **여자**(女 子)
여성으로 태어난 사람

■ **남성**(男 性성별 성)
성별이 남자인 사람

■ **여성**(女 性)
성별이 여자인 사람

■ **미남**(美아름다울 미 男)
얼굴이 아름다운 남자

■ **미녀**(美 女)
얼굴이 아름다운 여자

■ **장남**(長어른 장 男)
맏이인 남자

■ **장녀**(長 女)
맏이인 여자

여자에게만 특별히 쓰이는 낱말

과거에는 여자들의 지위가 남자들보다 높지 않았어요.

그래서 여자의 사회적, 정치적, 법률적 권리를 높이기 위한 운동이 일어났지요. 바로 여권 신장 운동이에요.

여권은 여성의 권리란 말이에요. 이렇게 여자의 낮은 지위 때문에 시대적으로 특별히 생겨난 말들이 있어요.

과거 전문적인 일 역시 남자들의 일로만 생각했어요. 그래서 전문적인 일을 능숙하게 하는 여자에게 특별히 여류라는 말을 붙여서 여류 시인, 여류 화가라고 불렀죠. 하지만 지금은 사용하지 않아요.

그러나 여사라는 말은 지금도 많이 사용해요. 박 여사, 이순옥 여사 등 성이나 이름 뒤에 나이 많은 여자를 높여 부르는 말이에요.

여자라서 특별하니깐, **여왕**!

신라의 선덕 여왕 알시요?

그림만으로 모란꽃에 향기가 없다는 것을 알 정도로 지혜로운 왕이었어요. 그런데 왜 여왕이라고 부를까요?

당시 왕은 대부분 남자였기 때문에 여자 임금이라는 것을 특별히 강조하기 위해서 '여'자를 붙인 거예요.

선녀나 궁녀처럼 여자에게만 해당되는 말도 있어요.

선녀는 신선 나라에 산다고 믿고 있는 여자,

궁녀는 궁궐에서 왕과 그 가족의 시중을 들던 여자를 말한답니다.

▪ **득남**(得얻을 득 男)
남자아이를 낳음
▪ **득녀**(得 女)
여자아이를 낳음
▪ **남장**(男 裝꾸밀 장)
여자가 남자처럼 옷을 입고 꾸밈
▪ **여장**(女裝)
남자가 여자처럼 옷을 입고 꾸밈
▪ **여권**(女 權권세 권)
여자의 사회적, 정치적, 법률적 권리
▪ **여류**(女 流흐를 류)
전문적인 일에 능숙한 여자
▪ **여사**(女 史사람 사)
결혼한 여자나 사회적으로 이름 있는 여자를 높여 부르는 말로 나이 많은 여성을 높여 부를 때에도 쓰는 말
▪ **여왕**(女 王임금 왕)
여자 임금
▪ **선녀**(仙신선 선 女)
신선 나라에 산다는 여자
▪ **궁녀**(宮집 궁 女)
궁궐에서 왕과 그 가족의 시중을 들던 여자

| 남성 ↔ 여성 | 미남 ↔ 미녀 | 장남 ↔ 장녀 | 득남 ↔ 득녀 | 남장 ↔ 여장 |

감촉이나 촉감이나

거꾸로 써도 같은 뜻

부들부들한 **감촉**

아, **촉감**이 끝내 줘요.

'오렌지'를 뒤집어서 '지렌오'라고 해봐요. 말이 안 돼요. '바보'를 '보바'라고 해도 말이 안 되지요. 그런데 신기하게도 거꾸로 썼는데, 말이 되는 낱말들이 있어요. '감촉' 이 그러해요.

"이 이불은 감촉/촉감 이 너무 좋아."

감촉은 촉감이라고 써도 말이 되지요? 바로 쓰나 거꾸로 쓰나 뜻도 비슷하잖아요. 감촉이 좋으나 촉감이 좋으나 다 살갗에 닿는 느낌이 좋다는 뜻이거든요.

거꾸로 써도 뜻이 비슷한 낱말

졸병을 뒤집은 병졸도 졸병과 뜻이 비슷해요.
졸병과 병졸은 군대에서 계급이 낮은 군인이라는 뜻이에요.
이와 같은 말을 더 찾아볼까요?
외국과 국외 : 외국은 다른 국가, 다른 나라를 말해요. 국외는 국가의 바깥, 나라의 밖이니까 외국과 비슷한 뜻이에요.
절반과 반절 : 사과를 절반으로 잘랐다면, 사과를 반절로 자른 것일까요? 맞아요. 절반이나 반절은 어떤 것을 반으로 자르거

感 느낄 감 | 觸 닿을 촉

닿아 전해지는 느낌

■ **촉감**(觸感)
닿은 느낌

■ **졸병**(卒군사 졸 兵병사 병)
계급이 낮은 병사

■ **병졸**(兵卒)
군대에서 근무하는 군사

■ **외국**(外바깥 외 國나라 국)
다른 나라

■ **국외**(國外)
한 나라의 밖

■ **절반**(折자를 절 半반 반)
하나를 반으로 가르는 것 또는
그렇게 가른 반

■ **반절**(半折)
절반으로 자름

나 그렇게 자른 반이에요.

식량과 양식 : 식량과 식량을 거꾸로 쓴 양식은 모두 먹을거리를 말해요. 식량과 양식은 배고플 때 배를 채워 주지요.

거꾸로 쓰면 뜻이 달라지는 낱말

거꾸로 써서 말이 되는 단어 중에는 '가출'과 같은 삐딱한 말도 있어요. 그런데 '가출'을 '출가'로 쓰면 뜻이 슬그머니 달라져요. 집을 나갔을 때 또는 가정을 탈출했을 때 가출이라고 하잖아요. 출가도 집을 나간다는 의미지만, 절이나 수도원에 들어가기 위해 떠나는 것을 뜻하죠.

그러니까 스님이나 신부님은 출가를 위해 가출한 분들이라고 할 수 있어요.

> 스님! 가출 하셨어요?

왕국과 국왕도 뜻이 달라요.

왕국은 왕의 국가예요.

임금이 다스리는 나라지요.

한편 국왕은 한 국가의 왕이라는 말이에요.

국왕은 대개 왕국에 살지요.

회의도 의회라고 쓰면 말은 되지만, 뜻이 달라져요.

회의는 여러 일을 의논하는 것, 의회는 국민들이 뽑아 준 의원들이 모인 단체예요. 의원들은 의회에서 회의를 자주 하지요.

계단과 단계는 어떨까요?

계단이나 단계나 일을 이루어 가는 순서나 차례를 가리켜요. 그렇지만 사람이 오르내리는 층계를 가리킬 땐 계단이라고만 써요.

- **식량**(食먹을 식 糧양식 량)
  먹을거리
- **양식**(糧食)
  먹을거리
- **가출**(家집 가 出날 출)
  집에서 나감
- **출가**(出家)
  수행을 위해 집을 떠남
- **왕국**(王임금 왕 國나라 국)
  왕이 다스리는 국가
- **국왕**(國王)
  국가의 왕
- **회의**(會모일 회 議의논할 의)
  모여서 의논함
- **의회**(議會)
  국가나 지방 자치 단체의 일을 토의, 심의, 의결하는 공식 기구
- **계단**(階계단 계 段층계 단)
  사람이 오르내리는 층계
- **단계**(段 階)
  일을 이루어 가는 순서나 차례

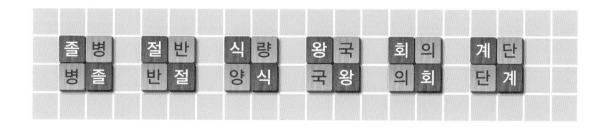

| 졸병 | 절반 | 식량 | 왕국 | 회의 | 계단 |
| 병졸 | 반절 | 양식 | 국왕 | 의회 | 단계 |

남 ↔ 여

1 서로 반대가 되는 낱말을 쓰세요.

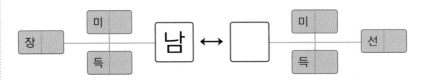

| 남녀 |
| 남자 |
| 여자 |
| 남성 |
| 여성 |
| 미남 |
| 미녀 |
| 장남 |
| 장녀 |
| 득남 |
| 득녀 |
| 남장 |
| 여장 |
| 여권 |
| 여류 |
| 여사 |
| 여왕 |
| 선녀 |
| 궁녀 |

2 주어진 낱말을 넣어 문장을 완성하세요.

1) 장남 ↔ 장녀   우리 반 예쁜 은정이는 ☐☐고요, 멋진 태혁이는 ☐☐이에요.

2) 남장 ↔ 여장   남자가 여자처럼 꾸미는 건 ☐☐, 여자가 남자처럼 꾸미는 것은 ☐☐이에요.

3) 여왕 / 류   엘리자베스 1세는 영국의 ☐☐이고, 프리다 칼로는 멕시코의 유명한 ☐☐ 화가예요.

3 문장에 어울리는 낱말을 골라 ○표 하세요.

1) 저는 이 집의 (득녀 / 장녀), 미란이에요.

2) 사람들은 우리 할머니를 박 (여사 / 여자)라고 불러요.

3) 여자들의 권리를 높이려는 (여류 / 여권) 신장 운동이 활발해요.

4) (궁녀 / 선녀)들은 왕과 그 가족의 시중을 들며 궁궐에서 살았어요.

4 짝 지은 낱말의 관계가 [보기]와 다른 것을 고르세요. (   )

> **보기**   남자 – 여자

① 득남 – 득녀   ② 장남 – 장녀   ③ 남장 – 여장

④ 선녀 – 궁녀   ⑤ 남성 – 여성

낱말밭 블록 맞추기

① [보기]와 같이 거꾸로 쓰나 바로 쓰나 뜻이 같은 낱말을 쓰세요.

보기	감	촉
	촉	감

1)
외	국

2)
반	절

② 주어진 낱말을 넣어 문장을 완성하세요.

1)
의	회
회	의

국회 의원들이 ☐☐를 하려고 ☐☐를 열었어요.

2)
왕	국
국	왕

백설 공주의 아빠는 ☐☐의 ☐☐이에요.

3)
절	반
반	절

식	량
양	식

메뚜기 떼가 몰려와 ☐☐이 ☐☐으로 줄었어요.

③ 문장에 어울리는 낱말을 골라 ○표 하세요.

1) (촉감 / 국회)은 거꾸로 써도 뜻이 비슷해요.

2) 삼촌은 절에서 수행하기 위해 (가출 / 출가)하셨어요.

3) 이곳은 (가출 / 출가) 청소년을 위한 쉼터예요.

4) 한 (계단 / 단계)씩 따라 하면 어려운 요리도 만들 수 있어요.

5) 엘리베이터가 고장났어요. (계단 / 단계)을(를) 이용하세요.

④ 짝 지은 낱말의 관계가 [보기]와 다른 것을 고르세요. (   )

보기	감촉 – 촉감

① 왕국 – 국왕   ② 절반 – 반절   ③ 양식 – 식량

④ 졸병 – 병졸   ⑤ 외국 – 국외

감촉

촉감

졸병

병졸

외국

국외

절반

반절

식량

양식

가출

출가

왕국

국왕

회의

의회

계단

단계

구절마다 구구절절 눈물이 나

구 절 = 구 구 절 절

글자의 반복

편지의 **구절**마다 **구구절절** 눈물 나네.

구절은 한 토막의 말이나 글을 의미해요. 구절을 반복해서 구구절절이라는 말로도 쓰여요. "너는 구구절절 어쩜 그렇게 옳은 말만 하니?"에서처럼 구구절절은 모든 구절이라는 뜻이에요. 이렇게 같을 말을 반복해서 뜻이 강해진 낱말들을 더 찾아볼까요?

같은 말을 반복하면 뜻이 강해지는 낱말

어떤 말을 반복해서 사용하면 그 뜻이 한층 더 강조가 되는 경우가 많아요.

사건이란 말은 큰 관심이나 주의를 끌 만한 일이에요.

"너는 왜 사사건건 트집을 잡니?"처럼 사건이 사사건건이 되면서 해당되는 모든 사건이라는 뜻으로 강조됐어요.

시각은 어느 한 지점, 시시각각은 각각의 시각을 뜻하죠.

기묘는 생김새 등이 이상하고 묘할 때 쓰는 말인데, 기기묘묘는 몹시 기이하고 묘하다는 뜻이에요.

내 피부색은 **시시각각**으로 변해.

句	節
글귀 구	마디 절

한 토막의 말이나 글

■ **구구절절**(句句節節)
모든 구절

※ **사건**(事일 사 件물건 건)
큰 관심이나 주의를 끌 만한 일

■ **사사건건**(事事件件)
해당되는 모든 사건

■ **시각**(時때 시 刻정할 각)
시간의 어느 한 지점

■ **시시각각**(時時刻刻)
각각의 시각

■ **기묘**(奇기이할 기 妙묘할 묘)
생김새 등이 이상하고 묘함

■ **기기묘묘**(奇奇妙妙)
몹시 기이하고 묘함

■ **명백**(明밝을 명 白흰 백)
의심할 데가 없이 뚜렷함

명백은 의심할 데가 없이 뚜렷하다는 뜻이고,

명명백백은 의심할 틈이 전혀 없이 아주 뚜렷하다로 강조됐어요.

한 글자가 반복되어 강조되는 말도 있어요.

각은 여럿을 따로 떼어 놓은 것 중의 하나인데,

각각은 하나하나를 뜻하는 말로 그 의미가 강조되었어요.

물체의 안쪽 부분이라는 뜻의 속도 속속들이란 말로 쓰면 깊은

속까지 샅샅이라는 뜻으로 의미가 강조되었죠.

같은 말을 반복하면 다른 뜻이 되는 낱말

한 글자를 반복해서 쓸 때 뜻이 많이 달라지는 경우도 있어요.

다음 문장에 쓰인 단어의 뜻을 비교해 볼까요?

　　'오늘따라 별(別)소리를 다하네.'

　　'병을 고치려고 별별(別別) 약을 다 써 보았다.'

별은 보통과 다르게 특별하다는 뜻이고, 별별은 온갖, 갖가지라는

뜻이지요.

이 밖에도 어떤 일이 어느 한 방향으로 진행되는 모양을 뜻하는

차차나 가끔이라는 뜻의 종종 역시 한

글자일 때와 전혀 다르게 의미가 바뀌

어 사용된답니다.

이처럼 낱말을 반복한다고 같은 말이

되는 건 아니라는 사실, 기억하세요.

성적은 **차차** 올리면 되죠!!

부들 부들

■ **명명백백**(明明白白)
의심할 틈이 전혀 없이 아주 뚜렷함

■ **각**(各각각 각)
여럿을 따로 떼어 놓은 것 중의 하나

■ **각각**(各各)
여럿을 따로 나누어서 하나하나

■ **속**
겉이나 껍질로 싸인 물체의 안쪽 부분

■ **속속들이**
깊은 속까지 샅샅이

■ **별**(別다를 별)
보통과 다르게 특별하게

■ **별별**(別別)
온갖, 갖가지

■ **차**(次차례 차)
순번, 차례

■ **차차**(次次)
어떤 일이 시간의 흐름에 따라 한 방향으로 진행되는 모양

■ **종**(種종류 종)
종류

■ **종종**(種種)
가끔

사	=	사
건		사
		건
		건

기	=	기
묘		기
		묘
		묘

명	=	명
백		명
		백
		백

별	≠	별
		별

차	≠	차
		차

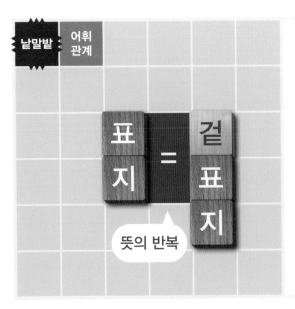

표지나 겉표지나

뜻의 반복

책의 앞뒤 겉장을 표지라고 하지요. 표(表)는 겉을 뜻하는 한자예요. 그럼 겉표지는 어떤 뜻일까요? 표지라는 한자어 맨 앞에 우리말 '겉'을 겹쳐 써서 표지를 더 강조한 말이에요. 사물의 가장 바깥쪽을 뜻하는 '표면'을 '겉표면'이라고 하잖아요. 이렇게 앞이나 뒤에 뜻이 같은 말을 겹쳐서 쓰는 낱말을 알아볼까요?

겹쳐 쓰면 뜻이 강조되는 낱말

동해는 동쪽 바다라는 뜻이에요. 해(海)가 바다라는 뜻이니까 동해 바다라고 쓰면 바다를 강조한 느낌이 들지요? 동해 바다뿐만은 아니겠죠? 서해는 서해 바다, 남해는 남해 바다라고 하지요.

나는 새신랑~

나는 단발머리 소녀~

찰랑찰랑

단발머리의 단발은 짧은 머리털이라는 뜻인데, 여기에 '머리'를 겹쳐 써서 머리카락을 강조한 말이 되었어요.

갓 결혼하였거나 결혼하는 남자인 신랑(新郎)에 굳이 '새'를 덧붙인 새신랑, 널찍하고 판판한 나뭇조각인 판(板)에 '널'을 덧붙인 널판도 겹쳐 써서 뜻 강조된 낱말이지요.

表 겉 표	紙 종이 지
책의 앞뒤 겉장	

- **겉표지**(表紙)
  책의 앞뒤 겉장
- **동해**(東동쪽 동 海바다 해)
- **= 동해 바다**
  동쪽 바다
- **단발**(短짧을 단 髮머리털 발)
- **= 단발머리**
  짧은 머리털
- **신랑**(新새 신 郎사내 랑)
- **= 새신랑**
  갓 결혼하였거나 결혼할 남자
- **판**(板널빤지 판)
- **= 널판**
  널찍하고 판판한 나뭇조각
- **생일**(生날 생 日날 일)
- **= 생일날**
  태어난 날

62

같은 뜻의 한자어에 우리말을 겹쳐 쓴 낱말

한 해의 기념일 중에 가장 기쁜 날은 언제일까요?

사람마다 다르겠지만, 각자의 생일을 빼놓을 수 없겠죠?

생일(生日)은 태어난 날을 뜻하는데, 날 일(日)자와 같은 뜻의
우리말 '날'을 겹쳐서 생일날이라고 하죠.

이렇게 우리 주변에서 흔히 겹쳐 쓰는 낱말들을 살펴볼까요?

매화 (매실나무의 꽃) = 매화꽃

초가 (짚, 갈대로 지붕을 덮은 집) = 초가집

처가 (아내가 본디 살던 집) = 처갓집

양옥 (서양식으로 지은 집) = 양옥집

회색 (재의 빛깔같이 흰빛을 띤 검정) = 회색빛

완두 (연두색 콩) = 완두콩

철사 (쇠로 만든 가는 줄) = 철사 줄

함성 (여럿이 내는 큰 소리) = 함성 소리

그런데 낱말의 느낌을 꼭 강조하고 싶을 때를 빼고는 군이 같은
뜻의 글자를 겹쳐 쓸 필요는 없어요.

'새신랑이 아내의 생일날을 맞아
동해 바다에 있는 처갓집에 갔다.'
이 문장은 '신랑이 아내의 생일을
맞아 동해에 있는 처가에 갔다.'라
고 간단히 쓰면 더 깔끔한 문장이
된답니다.

동해에 있는 처가에 오길 잘했네.

엄마

■ **매화**(梅매화 매 花꽃 화)

= **매화꽃**

매실나무의 꽃

■ **초가**(草풀 초 家집 가)

= **초가집**

짚, 갈대로 지붕을 덮은 집

■ **처가**(妻아내 처 家)

= **처갓집**

아내가 본디 살던 집

■ **양옥**(洋서양 양 屋집 옥)

= **양옥집**

서양식으로 지은 집

■ **회색**(灰재 회 色빛 색)

= **회색빛**

재의 빛깔같이 흰빛을 띤 검정

■ **완두**(豌완두 완 豆콩 두)

= **완두콩**

연두색 콩

■ **철사**(鐵쇠 철 絲실 사)

= **철사 줄**

쇠로 만든 가는 줄

■ **함성**(喊소리칠 함 聲소리 성)

= **함성 소리**

여럿이 내는 큰 소리

동해	=	동해	생일	=	생일	매화	=	매화	초가	=	초가	완두	=	완두
		바다			날			꽃			집			콩

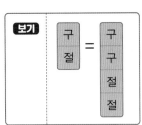 낱말밭 블록 맞추기

1 [보기]와 같이 반복해서 쓰면 뜻이 강해지는 낱말을 쓰세요.

[보기]

구		구
절	=	구
		절
		절

1)
사	
건	=

2)
명	
백	=

2 주어진 낱말을 넣어 문장을 완성하세요.

1)
기	
묘	= 기
	기
	묘
	묘

이 돌덩이는 모양이 ☐☐하게 생겼네.

[강조] 이 돌덩이는 모양이 ☐☐☐☐하게 생겼네.

2)
각	= 각
	각

사과를 ☐ 하나씩 나눠 주세요.

[강조] 사과를 ☐☐ 하나씩 나눠 주세요.

3 문장에 어울리는 낱말을 골라 ○표 하세요.

1) 너는 왜 내가 하는 일마다 (시시각각 / 사사건건) 트집을 잡니?

2) 각자의 물품을 하나씩 나눠서 서랍에 (각각 / 속속) 넣어 둬.

3) 효자는 어머니의 병을 고치려고 (별별 / 점점) 약을 다 써 보았어.

4) 이번 사건은 (명명백백 / 기기묘묘) 밝혀야 해.

4 짝 지은 낱말의 관계가 [보기]와 다른 것을 고르세요. (   )

[보기]

사건 – 사사건건

① 각 – 각각   ② 속 – 속속들이   ③ 기묘 – 기기묘묘

④ 별 – 별별   ⑤ 시각 – 시시각각

구절
구구절절
사건
사사건건
시각
시시각각
기묘
기기묘묘
명백
명명백백
각
각각
속
속속들이
별
별별
차
차차
종
종종

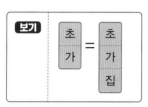

1 [보기]와 같이 뜻이 같은 말을 겹쳐 써서 강조하는 낱말을 쓰세요.

보기
초		초
가	=	가
		집

1)
표		
지	=	표
		지

2)
국		국
화	=	화

2 주어진 낱말을 넣어 문장을 완성하세요.

1)
매		매
화	=	화
		꽃

매실나무의 꽃을 ☐☐라고 하고, ☐을 덧붙여 뜻을 더 강조해요.

2)
생		생
일	=	일
		날

태어난 날을 ☐☐이라고 하고, ☐을 덧붙여 뜻을 더 강조해요.

3 문장에 어울리는 낱말을 골라 ○표 하세요.

1) 가온이는 생일(일 / 날) 예쁜 가방을 선물 받았어.
2) 매화는 (국화 / 매화)의 꽃이야.
3) 예진이는 미용실에 가서 머리를 (단발 / 장발)머리로 잘랐어.
4) 이 책의 (겉 / 표)표지에 그려진 그림이 참 마음에 들어.
5) 요즈음 도시에서 초가(가 / 집)을(를) 찾아보기 힘들어.

4 짝 지은 낱말의 관계가 [보기]와 다른 것을 고르세요. (   )

보기
표지 – 겉표지

① 신랑 – 새신랑   ② 생일 – 생일날   ③ 매화 – 매화꽃
④ 회색 – 회색빛   ⑤ 소리 – 큰 소리

표지
겉표지
동해
동해 바다
단발
단발머리
신랑
새신랑
판
널판
생일
생일날
매화
매화꽃
초가
초가집
처가
처갓집
양옥
양옥집
회색
회색빛
완두
완두콩
철사
철사 줄
함성
함성 소리

선악과의 열매를 따 먹다니!

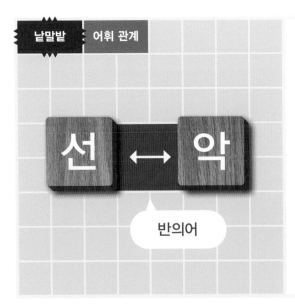

선 ↔ 악

반의어

먹어.

惡

먹지마.

善

최초의 인류인 아담과 하와가 '선악과' 열매를 몰래 따서 먹는 죄를 짓고 에덴동산에서 쫓겨났다는 유명한 이야기가 있어요. 처음에 하와를 꼬드긴 건 뱀으로 변한 악마였다고 해요. 선악의 선은 착할 선(善), 악은 악할 악(惡) 자예요. 서로 반대의 뜻을 지닌 글자가 모여 만들어진 낱말의 대표 선수라 할 수 있지요.

착할 때는 선(善)

"이름을 밝히지 않은 시민이 불우이웃을 위해 평생 모은 재산을 기부하는 선행을 베풀었습니다."

뉴스에서 간혹 이런 기사가 나오는 것을 볼 수 있어요.

착한 행동은 **선행**

악한 행동은 **악행**

착한 행동인 선행처럼 선(善) 자가 들어가는 낱말은 착하고 바른 일을 나타낼 때 쓰여요.

악(惡) 자가 들어가면 반대로 악하고 나쁜 일을 나타낸 낱말에 쓰이지요.

善 착할 선	惡 악할 악
착한 것과 악한 것	

- **선악과**(善惡 果열매 과)
  선악을 알게 하는 열매
- **악마**(惡 魔마귀 마)
  나쁜 짓을 하는 마귀
- **선의**(善 意뜻 의)
  착한 마음
- **악의**(惡意)
  나쁜 마음
- **선행**(善 行행할 행)
  착한 행동
- **악행**(惡 行)
  나쁜 행동
- **선순환**(善 循돌 순 環돌 환)
  좋은 일이 되풀이됨
- **악순환**(惡循環)
  나쁜 일이 되풀이됨

선의 (착한 마음) ↔ 악의 (나쁜 마음)

선행 (착한 행동) ↔ 악행 (나쁜 행동)

선순환 (좋은 일이 되풀이됨) ↔ 악순환 (나쁜 일이 되풀이됨)

개선 (고쳐서 좋아짐) ↔ 개악 (고쳐서 나빠짐)

어때요? 위를 보니 선과 악의 비교가 확실하네요. 이왕이면 선의를 갖고 남을 대하는 선행을 하는 게 좋겠죠?

선행을 하는 사람들이 많아지면 세상은 선순환되는 일이 많아서 살기가 훨씬 나아지겠지요!

악할 때는 악(惡)

악(惡) 자가 들어가서 좋은 뜻이 되는 낱말은 거의 없어요.

악당은 나쁜 무리,

악몽은 나쁜 꿈이에요.

악용은 나쁜 일에 쓰는 것,

악취는 나쁜 냄새죠.

악질은 성질이 나쁜 사람,

악조건은 아주 사납고 나쁜 상황,

죄악은 죄가 될 만한 나쁜 짓이에요.

생각보다 나쁜 말들이 많네요.

악(惡) 자와 관련된 사람이나 악한 일들이 사라지는 세상이 빨리 오면 좋겠어요.

악! 싫어.

개선(改 고칠 개 善)
고쳐서 좋아짐

개악(改惡)
고쳐서 나빠짐

악당(惡 黨 무리 당)
나쁜 무리

악몽(惡 夢 꿈 몽)
나쁜 꿈

악용(惡 用 쓸 용)
나쁜 일에 씀

악취(惡 臭 냄새 취)
나쁜 냄새

악질(惡 質 바탕 질)
성질이 나쁜 사람

악조건(惡 條 가지 조 件 사건 건)
아주 사납고 나쁜 상황

죄악(罪 허물 죄 惡)
죄가 될 만한 나쁜 짓

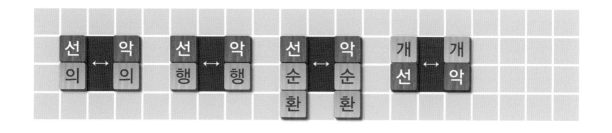

선의 ↔ 악의   선행 ↔ 악행   선순환 ↔ 악순환   개선 ↔ 개악

진지는 밥의 높임말이에요. 우리말은 상대를 높여 주는 말이 아주 발달했지요. 오래전부터 웃어른에 대한 예의를 존중하던 문화의 영향이겠지요? 높임말 중에는 한자어가 많은데, 친구들끼리 편하게 쓰는 말로 바꾸어 생각하면 그 뜻을 쉽게 알 수 있어요.

한자로 바꾸면 높임말이 되는 낱말

"할머니, 올해 연세가 몇이세요?"

이 질문을 친구에게 한다면 어떻게 할까요?

"너, 나이가 몇이니?"라고 하겠죠?

연세는 나이와 같은 뜻을 갖고 있어요. 우리말 나이를 한자어로 바꾸어서 상대를 높이는 말이지요. 더 알아볼까요?

> "너 이름이 뭐니?" – "할아버지, 성함이 어떻게 되세요?"
> "술 한 잔 마실래?" – "약주 한 잔 드시겠어요?"
> "내가 집까지 데려다줄게." – "제가 댁까지 모셔다드릴게요."

어때요? 어른에게 쓰는 어려운 높임말도 쉬운 말로 바꾸어 생각하니까 뜻을 쉽게 알 수 있지요.

진지
밥의 높임말

밥
끼니로 먹는 것

나이
세상에 태어나서 살아온 햇수

연세(年해 년 歲해 세)
나이의 높임말

이름
다른 것과 구별하기 위해 지어 부르는 말

성함(姓성 성 銜직함 함)
이름을 높여 부르는 말

술
마시면 취하는 음료

약주(藥약 약 酒술 주)
술을 점잖게 부르는 말

한자가 없어도 높임말이 되는 낱말

헉, 날카로운 **이빨**!

귀여운 **이**!

건강한 **치아**!

"도대체 악어의 이빨은 몇 개일까요?"

이 말에 잘못된 표현이 있을까요? 맞아요. 없어요.

이빨은 이를 낮잡아 표현한 낱말이에요. 흔히 동물에게 쓰지요.

하지만, 나이 많은 어른에게는 이보다는 치아라는 점잖은 표현을 쓰는 게 더 좋아요.

아빠, 엄마의 호칭도 경우에 따라 다르게 쓰이는 낱말이에요.

어린 시절에는 아빠, 엄마라고 친근하게 부르지요.

그러다 나이가 많이 들면 아버지, 어머니라고 불러요.

"제 부친께서는 건강하십니다." 부친은 다른 사람에게 자신의 아버지를 높여서 정중히 부르는 한자어예요.

어머니는 모친이라고 하지요.

중은 절에서 살면서 부처의 가르침을 따르는 사람인데, 승려나 스님으로 높여서 불러요.

일상생활에서 많이 접할 수 있는 높임말의 뜻도 알고, 예의도 배우고 이런 걸 '꿩 먹고 알 먹고'라고 하지요.

- **집**
  사람이 살기 위해 지은 곳
- **댁**(宅댁 댁)
  남의 집, 가정을 높여 부르는 말
- **이**
  물거나 씹는 역할을 하는 기관
- **이빨**
  이를 낮잡아 부르는 말
- **치아**(齒이 치 牙어금니 아)
  이를 점잖게 부르는 말
- **아빠**
- **엄마**
- **아버지**
- **어머니**
- **부친**(父아비 부 親친할 친)
  아버지를 정중히 높여 부르는 말
- **모친**(母어미 모 親)
  어머니를 정중히 높여 부르는 말
- **중**
  부처의 가르침을 따르는 사람
- **승려**(僧중 승 侶짝 려)
  중의 높임말
- **스님**
  중의 높임말

나 ≒ 연 이 ≒ 성 이 ≒ 치 집 ≒ 댁 술 ≒ 약
이 ≒ 세 름 ≒ 함 아 주

선 ↔ 악

① 서로 반대가 되는 낱말을 쓰세요.

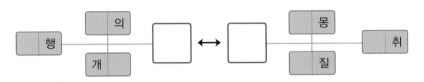

선악
선악과
악마
선의
악의
선행
악행
선순환
악순환
개선
개악
악당
악몽
악용
악취
악질
악조건
죄악

② 주어진 낱말을 넣어 문장을 완성하세요.

1) 선의 ↔ 악의　착한 마음은 ☐☐, 나쁜 마음은 ☐☐이다.

2) 선행 ↔ 악행　착한 행동은 ☐☐, 나쁜 행동은 ☐☐이다.

3) 선순환 ↔ 악순환　좋은 일이 되풀이되는 것은 ☐☐☐, 나쁜 일
이 되풀이되는 것은 ☐☐☐이다.

③ 문장에 어울리는 낱말을 골라 ○표 하세요.

1) 친구가 어려운 이웃을 위해 기부하는 (개선 / 선행)을 했어.
2) 우리 축구팀은 비가 오는 (악용 / 악조건)에도 승리했어.
3) 슈퍼맨은 (악용 / 악당)을 물리치는 영웅이야.

④ 다음 밑줄 친 낱말 중에 '악'의 뜻이 <u>다른</u> 것을 고르세요. (　　)

① 저 남자는 성질이 <u>악질</u>이야.
② 우리 <u>악수</u>할까?
③ <u>악당</u>을 물리치자!
④ 어젯밤 <u>악몽</u> 때문에 잠을 설쳤어.
⑤ 물에서 <u>악취</u>가 나.

1 [보기]와 같이 알맞은 높임말을 쓰세요.

1) 밥 ≒ ☐

2) 이름 ≒ ☐

2 주어진 낱말을 넣어 문장을 완성하세요.

1) 나이 ≒ 연세
세상에 태어나서 살아온 햇수는 ☐☐, 이를 높여 부르는 말은 ☐☐이다.

2) 이름 ≒ 성함
다른 것과 구별하기 위해 지어 부르는 말은 ☐☐, 이를 높여 부르는 말은 ☐☐이다.

3) 이 ≒ 치아
입안에서 무엇을 물거나 씹는 역할을 하는 것은 ☐, 이를 높여 부르는 말은 ☐☐이다.

3 문장에 어울리는 낱말을 골라 ○표 하세요.

1) 아버지를 정중히 높여 부르는 말은 (모친 / 부친)이야.
2) 할아버지, 건강을 생각해서 (술 / 약주)은(는) 줄이세요.
3) 가온아, 얼른 씻고 (밥 / 진지) 먹으렴.
4) 나경아, 너희 (집 / 댁)에서 도서관에 가려면 어떻게 가야 하니?

4 짝 지은 낱말의 관계가 [보기]와 다른 것을 고르세요. (   )

| 보기 | 이 – 치아 |

① 집 – 댁   ② 이름 – 성함   ③ 중 – 승려
④ 나이 – 연세   ⑤ 아빠 – 어머니

밥
진지
나이
연세
이름
성함
집
댁
술
약주
이
이빨
치아
아빠
엄마
아버지
어머니
부친
모친
중
승려
스님

정답 ┃ 142쪽

🔑 가로 열쇠

1) 언덕에는 언덕길, 산에는 ○○
3) 이를 낮잡아 부르는 말
4) 선과 악
5) 아버지를 높여 부르는 말
7) 사람이 살고 있는 집
9) 가까우면서 정스럽다. "학교 앞 문방구 아저씨는 참 ○○해."
10) 비행기를 본떠서 만든 ○○ 비행기
11) 여자 임금
12) 길이나 집을 잃고 헤매는 아이
13) 사랑하는 사람
15) 가출은 집을 떠남, ○○는 수행을 위해 집을 떠남
16) 사건을 반복하여 강조하면 ○○○○

🔑 세로 열쇠

2) 길이 꺾이면서 돌아가는 곳
4) 돌아가신 아버지
6) 아내가 본디 살던 집
7) 사람의 힘으로 만든 것. ○○위성
8) 구절을 반복하여 강조된 말
9) 같은 부모에게 태어난 형
10) 본보기로 삼아 본떠 배울 만한 것. ○○생
11) 남아의 반의어
12) 아름다운 사람
13) 개를 사랑하는 사람
14) 아주 사납고 나쁜 상황

2장

저는 색깔 있는 운동화가 좋아요!

어떤 거?

저거! 색깔 있는 거.

이 운동화에는 파랑도 있고, 노랑도 있어요.
이런 걸 색깔이 있는 운동화라고 하지요.
그런데, 색깔이 뭐예요?
파랑이나 노랑처럼 물체가 나타내는 빛깔이 색깔이에요.
색깔을 줄여서 색(色)이라고 부르지요.
빈칸을 채우면서 색깔 이름을 더 알아볼까요?

色	빛 색
색깔의 준말	

■ **색(色)깔**
물체가 나타내는 빛깔

■ **빨간색(色)**
빨강

■ **노란색(色)**
노랑

■ **파란색(色)**
파랑

■ **초록색(草풀초 綠푸를록 色)**
풀과 같은 푸른색

■ **하얀색(色)**
하양

■ **검은색(色)**
검정

딸기는 무슨 색?
빨강 또는 빨간색이요.

하양은 **하얀색**, 검정은 **검은색**이야.

병아리는 노랑.
노랑과 같은 말은 □□□.

청바지 색은 파랑.
파랑과 같은 말은 □□□이죠.

답은 순서대로 **노란색**, **파란색**, **초록색**이야. 다들 맞혔겠지?

그럼 나뭇잎은?
맞아요. □□□이에요.

색깔이 들어간 종이는 뭐라고 부를까요? (   )

① 스케치북   ② 도화지   ③ 신문지   ④ 색종이

色 　빛 색

맞아요. 답은 ④번, 색종이예요.

이렇게 '색'이 들어가는 낱말은 색깔과 관계가 있어요.

빈칸을 채워 색이 들어가는 낱말을 완성해 볼까요?

색깔이 나오는 연필은 □연필,

색깔이 들어간 유리는 □유리.

신호등도 색유리로 만드는 거예요. 몰랐지요?

그럼, 색깔이 들어간 안경은 뭐라고 할까요?

맞아요. 색안경이에요.

여름에 쓰는 선글라스를 우리말로 색안경이라고 해요.

그런데, '색안경을 쓰고 보다'라고 하면,

어떤 일을 좋지 않게 본다는 말이에요.

그러니까 이 말은 잘 가려서 써야겠지요?

설날에 세배를 할 때 한복을 곱게 입잖아요.

색안경을 쓰니까 그렇게 보이지!!!!

앗! 파란 감자다!

■ **색(色)종이**
색깔이 들어간 종이

■ **색(色)연필**
색깔이 나오는 연필

■ **색(色)유리**
색깔이 들어간 유리

■ **색(色)안경**
색깔이 들어간 안경

■ **색(色)안경을 쓰고 보다**
어떤 일을 좋지 않게 보다

■ **색(色)동옷**
팔 부분에 여러 색의
옷감을 이어서 만든 한복

알록달록 예쁜 색이 들어간 한복의 이름은 뭘까요? (   )

① 색동옷   ② 색깔 옷   ③ 무지개 옷   ④ 색색 옷

색동옷
참 예쁘지?

③번, 무지개 옷이라고요? 아니에요.

무지개도 예쁜 색깔로 이루어져 있지만

답은 아니에요.

정답은 ①번, 색동옷이에요.

색동옷은 여러 색의 옷감을 이어서 팔 부분을

예쁘게 만든 옷이지요.

어때요. 참 예쁘죠?

동글동글 예쁜 완두콩이네요.
완두콩은 무슨 색깔일까요? (　　　)

① 노란색　　② 연두색　　③ 갈색　　④ 파란색

色　빛 색

- **연두색**(軟연할 연 豆콩 두 色)
연한 콩의 색깔, 연한 초록색

- **남색**(藍쪽 남 色)
쪽빛, 짙은 파란색

- **주황색**
(朱붉을 주 黃노랄 황 色)
빨강과 노랑의 중간에 있는 색

- **분홍색**
(粉흰색 분 紅붉을 홍 色)
하양과 빨강의 중간에 있는 색

답은 ②번, 연두색이에요.
연두색은 완두콩 색깔 같은 연한 초록색을 부르는 이름이에요.

파란색이 좋아?
남색이 좋아?

나… 남색이
뭐지?

저런! 남색이 무슨 색인지 잘 모르는군요.
남색은 아주 짙은 파란색을 부르는 말이에요.
그래서 짙은 남색은 검은색처럼 보이기도 하지요.

🔔 **쪽빛**
'쪽'은 식물 이름이에요.
이 식물의 잎을 빻으면 남색의
액체가 생겨요. 그래서 '남색'
을 '쪽빛'이라고 하지요.

난 노란색!

난 빨간색!

바나나는 노란색, 딸기는 빨간색이네요.
그럼 귤은 무슨 색일까요?
귤처럼 노란색보다 좀 더 붉은색을 주황색이라고 해요.
주황색은 빨강과 노랑의 딱 중간에 있는 색이에요.
빨간색 크레파스 위에 흰색 크레파스로 덧칠을 하면
무슨 색이 될까요? 맞아요. 분홍색이에요.
분홍색은 빨강과 하양의 딱 중간색이지요.

그럼 '새빨갛다'는 무슨 뜻일까요? (　　　)

① 새가 빨갛다　　　② 금세 빨개졌다
③ 새 옷을 빨았다　　④ 아주 빨갛다

답은 ④번, 아주 빨갛다예요. 앞에 붙은 '새'는 '아주'를 뜻해요.
그래서 새빨갛다는 아주 빨갛다는 말이지요.
하하. 감자 군 얼굴이 아주 빨개져 버렸어요!

새-	
아주	

새빨갛다
아주 빨갛다
새파랗다
아주 파랗다
새하얗다
아주 하얗다
새까맣다
아주 까맣다

그러면 새파랗다는요? 아주 파랗다!
아주 노랗다는 뭐라고 할까요? 새노랗다?
아니에요, 아주 노란 건 샛노랗다라고 해요.
이때는 '새'가 아니라 '샛'이니까 주의하세요!
'아주'라는 뜻을 생각하면서 아래 빈칸을 채워 봐요!
아주 하얗다는 ☐하얗다, 아주 까맣다는 ☐까맣다.

방귀를 하도 참아서 얼굴이 **샛노래졌어!**

샛-
아주

샛노랗다
아주 노랗다

눈이 와서 세상이 온통 **새하얗다!**

발바닥이 **새까매…**

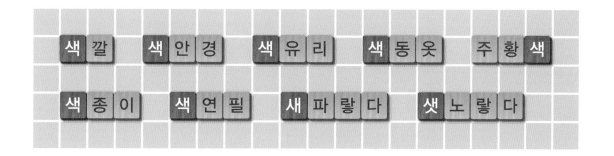

색깔　색안경　색유리　색동옷　주황색
색종이　색연필　새파랗다　샛노랗다

씨글자
블록 맞추기

色
빛 색

색깔

빨간색

노란색

파란색

초록색

하얀색

검은색

색종이

색연필

색유리

색안경

① 공통으로 들어갈 한자를 따라 쓰세요.

빨 간						종 이
파 란	깔	色	연 필	동 옷
초 록		빛 색		연 필

② 어떤 낱말에 대한 설명인지 쓰세요.

1) 물체가 나타내는 빛깔 ➡ ☐☐

2) 색깔이 들어간 유리 ➡ ☐☐☐

3) 연한 콩의 색깔, 연한 초록색 ➡ ☐☐☐

4) 아주 빨갛다 ➡ ☐☐☐☐

5) 아주 하얗다 ➡ ☐☐☐☐

③ 알맞은 낱말을 찾아 문장을 완성하세요.

1) 오빠와 ☐☐☐ 로 종이접기를 했어.

2) 선글라스는 우리말로 ☐☐☐ 이라고 할 수 있지.

3) 은행나무가 아주 노랗게 물들어서 ☐☐☐ 네.

4) 민아는 흰색과 빨간색 중간색인 ☐☐☐ 을 좋아해.

5) 동글동글 완두콩은 ☐☐☐ 이야.

4 문장에 어울리는 낱말을 골라 ○표 하세요.

1) 파랑이나 노랑처럼 물체가 나타내는 빛깔은 (색깔 / 색동)이야.

2) 팔 부분을 여러 색으로 만든 (색깔옷 / 색동옷)을 입었구나.

3) 어떤 일을 좋지 않게 보는 것을 (색안경 / 색유리)을(를) 끼고 본다고 해.

5 그림을 보고, 빈칸에 들어갈 알맞은 낱말을 쓰세요.

1) 여러 색으로 만든 ⬚⬚⬚.

2) ⬚⬚⬚를 접어서 종이학을 만들어야지.

6 그림을 보고, 빈칸에 들어갈 알맞은 색의 이름을 쓰세요.

① ⬚⬚
② ⬚⬚⬚
③ ⬚⬚⬚
④ ⬚⬚⬚

색안경을 쓰고 보다
색동옷
연두색
남색
주황색
분홍색
쪽빛
새빨갛다
새파랗다
새하얗다
새까맣다
샛노랗다

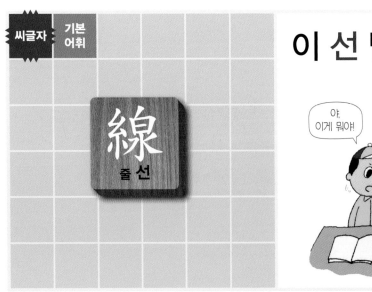

이 선 넘어오지 마!

線
줄 선

짝꿍한테 너무해요! 근데 빈칸에 들어갈 말은 뭘까요? (　　　)

① 점　　　　② 선　　　　③ 돈　　　　④ 벽

답은 ②번. 이렇게 줄을 길게 그어 놓은 것이 선이에요.
여러 가지 모양으로 그은 선들의 이름에 ○표 해 봐요.

1) ———————————————　(직선 / 곡선 / 꺾은선)

2) ～～～～～　(직선 / 곡선 / 꺾은선)

3) ＼／＼／　(직선 / 곡선 / 꺾은선)

1)번처럼 똑바로 그은 줄은 직선이에요.

2)번처럼 구불구불하게 그은 줄은 곡선이지요.

그리고 이리저리 꺾어진 3)번은 꺾은선이라고 해요.

그럼 이건 뭘까요? ·······························

맞아요. 점선이에요. 점으로 선 모양을 만들었다는 말이지요.

線　　줄 선

- **직선**(直바를 직 線)
  똑바로 그은 줄
- **곡선**(曲굽을 곡 線)
  구불구불하게 그은 줄
- **꺾은선**(線)
  이리저리 꺾어진 줄
- **점선**(點점 점 線)
  점으로 이루어진 줄 모양

이렇게 빙빙 돌아가는 선은 나선이에요. '나(螺)'는 소라를 뜻하거든요. 나선 모양이 소라 껍데기처럼 빙글빙글 돌아가잖아요. '나선'은 소용돌이처럼 생겨서 소용돌이선이라고도 해요.

■ **나선**(螺소라 나 線)
소라처럼 빙글빙글 돌아가는 선, 소용돌이 선

■ **포물선**
(抛던질 포 物물건 물 線)
던진 물건이 떨어지는 모습을 닮은 선

건너편에 있는 친구에게 공을 던져 봐요. 직선으로 갈까요? 아니요. 처음엔 비스듬히 하늘로 올라가다가, 다시 비스듬히 땅으로 떨어지게 된답니다.
이런 걸 포물선이라고 해요. 위로 던진 물건이 떨어지며 만들어 내는 선이라는 뜻이지요.

왼쪽처럼 비스듬한 선은 사선이에요.
기울어진 모습의 선이라는 말이지요.
자, 이제 다음 빈칸을 채울 수 있겠지요?

■ **사선**(斜기울 사 線)
기울어진 선

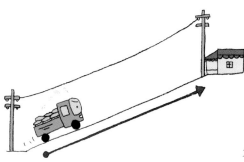

똑바로 그은 선은 직▢,
구불구불하게 그으면 ▢▢!
소라처럼 빙글빙글 돌아가는 모양은 나▢,
위로 던진 물건이 떨어지는 모습을 닮은 선은 포▢▢,
비스듬한 직선 모양의 선은 ▢▢!

선(線)은 종이 위에만 있는 게 아니에요.

이 세상 속에도 수많은 '선'이 숨어 있지요.

유선 전화기에는 있고, 무선 전화기에는 없는 게 뭘까요? (　　)

① 자동 응답기　　　② 와이파이　　　③ 전화선

맞아요. 전화선이에요. 유선(有線)이니까 전화선이 있고,

무선(無線)이니까 전화선이 없는 거예요.

오른쪽 아래 그림 좀 보세요. 전기 제품의 선이 마구 엉켰네요!

그런데 전기 제품에 달린 이 선들을 뭐라고 할까요? (　　)

① 노끈　　　② 전선　　　③ 개줄　　　④ 꼬리

당연히 ②번, 전선이지요.

전기 제품에는 전기가 흐르도록 해 주는 전깃줄이

필요하잖아요. 전기가 흐르는 선이라 전선이라고 해요.

집 밖에도 '선'이 있어요.

왼쪽 그림은 눈 온 뒤 겨울 산이에요.

산의 모양이 분명하게 보이지요?

산 위의 모난 부분을 따라 죽 이어진 선을 능선이라고 해요.

빈칸을 채우면서 여러 가지 선들을 더 찾아볼까요?

하늘과 물이 맞닿은 선은 수평 □ ,

하늘과 땅이 맞닿은 선은 지평 □ ,

눈부신 태양에서 뻗어 나오는

빛은 태양 광선이에요. 빛으로 이루

어진 선이라 광 □ 이지요.

마이 프레셔스~

▲ 광선검은 빛으로 이루어진 칼이에요.

線 선 선

■ **전화선**

(電전기 전 話말할 화 線)

전화기에 전류를 보내는 선

■ **유선**(有 있을 유 線)

선이 있는

■ **무선**(無 없을 무 線)

선이 없는

■ **전선**(電전기 전 線)

전기가 흐르는 선

■ **능선**(稜모서리 능 線)

산 위의 모난 부분을 따라 죽

이어진 선

■ **수평선**

(水물 수 平평평할 평 線)

하늘과 물이 평평하게 맞닿은 선

■ **지평선**

(地땅 지 平線)

하늘과 땅이 평평하게 맞닿은 선

■ **광선**(光빛 광 線)

빛으로 이루어진 선

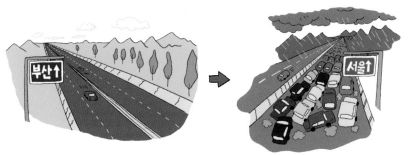

■ **차선**(車차 차 線)
차들이 줄지어 달릴 수 있도록
차도에 그린 선

■ **노선**(路길 노 線)
정해진 곳을 다니는 차가 지나
는 길

차가 다니는 길에 그려진 선은 차선(車線)이에요.
자동차는 '차선'을 따라 한 줄로 달려가지요.
'차선'이 없으면요?
위의 오른쪽 그림처럼 도로가 엉망이 되겠죠.
자, 그럼 버스나 지하철이 다니는 길은 뭐라고 할까요?

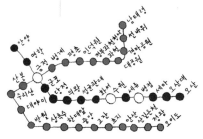

▲ 노선도는 노선을 그린 그림이에요.

맞아요, 노선이에요. 노선은 정해진 곳을 다니는 차가 지나는
길을 나타낸 선이에요. 버스나 지하철은 정해진 노선으로만 다
니지요.
버스가 다니는 길은 '버스 노선', 지하철이 다니는 길은
'지하철 노선', 기차가 다니는 길은 '철도 노선'이에요.
어디를 다니는지, 빈칸을 채우면서 알아볼까요?
서울과 부산을 이어 주는 노선은 경부□,
서울과 춘천을 이어 주는 노선은 경춘□이에요.
배와 비행기도 '노선'에 따라 움직인답니다.
국내□은 나라 안의 도시를 잇는 노선,
국제□은 나라와 나라 사이를 잇는 노선이에요.

線	노선 선

■ **경부선**
(京서울 경 釜부산 부 線)
서울과 부산을 잇는 노선

■ **경춘선**(京 春춘천 춘 線)
서울과 춘천을 잇는 노선

■ **국내선**
(國나라 국 內안 내 線)
나라 안의 도시를 잇는 노선

■ **국제선**(國 際사이 제 線)
나라와 나라 사이를 잇는 노선

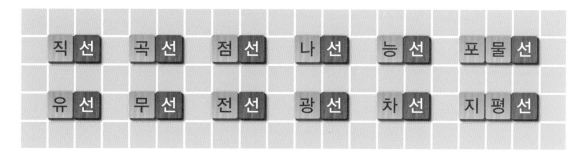

線
줄 선

직선

곡선

꺾은선

점선

나선

포물선

사선

전화선

유선

무선

1 공통으로 들어갈 한자를 따라 쓰세요.

| 직 |
점	—	지 평	—	線	—	국 내	—	유
나				줄 선				차
								광

2 어떤 낱말에 대한 설명인지 쓰세요.

1) 점으로 이루어진 줄 모양 ➜ ☐☐

2) 비스듬히 기울어진 선 ➜ ☐☐

3) 전기가 흐르는 선 ➜ ☐☐

4) 하늘과 땅이 평평하게 맞닿은 선 ➜ ☐☐☐

5) 차들이 줄지어 달릴 수 있도록 차도에 그린 선 ➜ ☐☐

3 알맞은 낱말을 찾아 문장을 완성하세요.

1) 내가 던진 공이 ☐☐☐ 을 그리며 떨어졌어.

2) 서울에서 부산까지 가려면 ☐☐☐ 을 타고 가야 해.

3) 저 멀리, 하늘과 바다가 맞닿은 ☐☐☐ 이 보인다.

4) ☐☐☐ 비행기를 타고 제주도에 다녀왔어.

5) 휴대 전화는 선이 없는 ☐☐ 전화기야.

4 문장에 어울리는 낱말을 골라 ○표 하세요.

1) 전기가 흐르는 (전선 / 유선)은 젖은 손으로 만지면 위험해.

2) 하늘과 물이 맞닿은 (지평선 / 수평선) 너머로 해가 지네.

3) 버스나 지하철은 정해진 길인 (광선 / 노선)을 따라 다녀.

5 그림을 보고, 빈칸에 들어갈 알맞은 낱말을 쓰세요.

1) ⬜⬜

2) ⬜⬜

3) ⬜⬜⬜

6 그림을 보고, 빈칸에 들어갈 알맞은 낱말을 쓰세요.

1) ⬜⬜

2) ⬜⬜도

3) ⬜⬜검

4) □□을 따라 접으세요.

⬜⬜

전선

능선

수평선

지평선

광선

차선

노선

경부선

경춘선

국내선

국제선

함께 어울리는 좋은 친구

어울리다

와, 버섯돌이 의리 있네요! 어른들은 잘 모르면서 어떤 친구와
어울리지 말라고 하실 때가 많지요.

이때 '어울리다'는 무엇을 뜻하는 말일까요? (　　　)

① 논다　　② 숙제한다　　③ 사귀다　　④ 장난치다

정답은 ③번, 사귀다. 사귀는 게 뭐냐고요?
으응, 얼굴을 익히고 친하게 지낼 때 서로 사귄다고 해요.
어울리다는 이렇게 '사귀다'라는 뜻이에요.
옆의 그림을 보세요.
양파의 매운맛 때문에 오이가
힘들었나 봐요.
이렇게 힘들거나 싫은 점이 있으
면 서로 어울리기 어렵지요.
오이가 마스크를 쓰면 양파와
어울릴 수 있지 않을까요?
오이 양, 양파 군을 부탁해요!

어울리다

사귀다

친구하고만 어울리는 것이 아니에요.

비가 오면 비옷을 입고, 한낮에 눈이 부시면

선글라스를 쓰지요?

바다에 갈 때는 수영복을 입고,

산에 갈 때는 등산복을 입잖아요?

이렇게 밤·낮, 계절이나 날씨, 장소에

어울리는 옷차림이 따로 있어요.

이때 어울리다는 '상황이나 분위기에 알맞다'는 뜻이에요.

옷차림만 그런 게 아니에요.

어울리다

알맞다

그림에서 놀이터와 어울리지 않는 물건은 뭘까요? (　　　)

① 딱지　　　② 모래　　　③ 교과서　　　④ 공

맞아요, 정답은 ③번이에요.

교과서는 공부할 때 필요한 물건이잖아요.

이렇게 어떤 장소나 하는 일에 어울리는 물건이 따로 있어요.

색깔도 그렇다고요? 맞아요. 어떤 것에 어울리는 색깔도

따로 있어요. 잘 익은 바나나에 어울리는 색깔은 노란색이고,

잘 익은 딸기에 어울리는 색깔은 빨간색이지요.

빨간색 바나나? 노란색 딸기? 음, 아무래도 이상하네요.

(1)   (2)   (3)   (4)

'토끼와 거북이' 이야기예요. 어, 그런데 순서가 좀 이상하지요?
이야기의 순서대로 번호를 적어 봐요. (3)−(　)−(　)−(　).
답은 (3)−(1)−(4)−(2)예요.
이제 그림과 이야기가 어울리나요?
어울리다는 이렇게 '이야기나 말의 앞뒤가 맞다'라는 뜻도
가지고 있어요. 어울리는 말은 앞뒤가 잘 맞는 말이에요.

> 아래 보기 중에 앞말과 뒤에 오는 말이 어울리지 <u>않는</u> 것은
> 무엇일까요? (　　)
>
> ① 간장처럼 달콤한 ② 돼지처럼 뚱뚱한 ③ 칼처럼 날카로운

맞아요, 정답은 ①번이에요. 짠맛이 나는 간장은
'달콤하다'와는 어울리지 않아요.

하하. 형이 잠이 덜 깼나 봐요.
동생한테 존댓말을 쓰다니. 존댓말은 웃어른께 써야지요.
이렇게 상황에 알맞은 말도 어울리는 말이라고 해요.
'어울리는 말'이 뭔지 이제 알겠지요?

어울리다
이야기나 말의 앞뒤가 맞다

● **어울리는 말**
앞뒤가 잘 맞는 말, 상황에 알
맞은 말

꽹과리 소리를 들어 봤나요? 엄청나게 시끄럽죠. 꽹과리가
북, 장구, 징과 어울리면 어떻게 될까요? 아래 그림을 보세요.

네 악기가 한데 어울려 사물놀이가 시작되면, 아주 신나고 듣기
좋은 소리가 나요. 이렇게 '서로 다른 것들이 잘 어울려서 한 덩
이리처럼 되는 것'을 어우러지다라고 해요.

불쌍한 감자 씨! 소리가 어울린다는 말을
'어울리는 한 쌍'이라는 말로 잘못 알아들었네요.
화음(和音)은 높이가 다른 음들이 서로 잘 어울리는 것을
말해요. 그래서 어울림음이라고도 하지요.
합창할 때는 화음을 잘 맞춰야겠지요?

어울리다
어우러지다

■ 어우러지다
서로 다른 것들이 잘 어울려서
한 덩어리처럼 되다

🔔 사물놀이
네 사람이 각기 꽹과리, 북,
장구, 징을 가지고 어우러져
치는 놀이예요.

和 어울릴 화 **音** 소리 음
높이가 다른 음들이 잘 어울리는 소리

■ 어울림음
화음

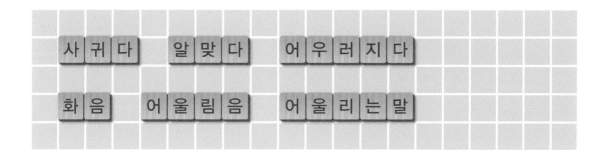

어울리다
(사귀다)

어울리다
(알맞다)

어울리다
(이야기나 말의
앞뒤가 맞다)

어울리는 말

1 공통으로 들어갈 낱말을 쓰세요.

- 민아랑 훈이는 잘 □□□□.
- 해변에서는 비키니 수영복이 □□□□.
- 반바지에는 샌들이 □□□□. → □□□□

2 그림을 보고 어떤 뜻인지 [보기]에서 찾아 쓰세요.

보기　　　　사귀다　　　알맞다

1) 잉잉. 아빠가 더 나빠!! / 나쁜 친구랑 **어울리지** 말랬지!!

2) 야~ 등산 가자! / 그게 등산에 **어울리는** 옷차림이야?

□□□　　　　　□□□

3 알맞은 낱말을 찾아 문장을 완성하세요.

1) 징, 장구, 북, 꽹과리가 한데 □□□□ 멋진 공연이었어.

2) 남자 가수와 여자 가수의 □□ 이 환상적인 공연이었어.

3) '레몬처럼 상큼한'은 앞뒤가 잘 맞는 □□□□ □ 이야.

4 다음 중 낱말 묶음에서 어울리지 않는 낱말을 찾아 ○표 하세요.

1) 파리, 모기, 바퀴벌레, 참새, 진드기

2) 사과, 오징어, 포도, 수박, 딸기

3) 텔레비전, 냉장고, 운동화, 전화, 컴퓨터

5 서로 어울리는 짝이 <u>아닌</u> 것을 고르세요. ( )

①

②

③

④

| 어울리다
(어우러지다) |
| 어우러지다 |
| 사물놀이 |
| 화음 |
| 어울림음 |

6 그림을 보고, 일이 일어난 순서대로 번호를 쓰세요.

(☐ → ☐ → ☐ → ☐)

①

②

③

④

크리스마스 트리를 예쁘게 꾸며요

꾸미다

크리스마스 트리를 꾸미고 있어요. 그런데 누나가 왜 놀란 걸까요? 맞아요. 동생이 꾸미기를 잘못해서 그래요.

꾸미다

모양을 예쁘게 만들다

어떻게 하는 게 트리를 꾸미는 걸까요? (   )

① 트리를 예쁘게 만드는 거야.
② 트리에 여러 가지 물건을 매다는 거야.

맞아요. 정답은 ①번이에요.
누나 말이 맞아요. 꾸미다는 모양을 예쁘게 만든다는 뜻이에요. 아무 물건이나 매달아서는 트리가 예쁘지 않겠지요?

옷차림을 꾸미다

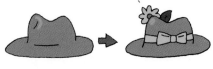

모자를 꾸미다

말이나 글도 예쁘게 꾸밀 수 있어요.

하하. 글씨를 예쁘게 쓰라는 말이 아니에요.

말을 **꾸민다고**? 글씨를 예쁘게 쓰는 건가?

다음 중에서 어떤 말이 더 재미있을까요? (　　)

① 하얀 구름이 뭉게뭉게 떠 있어요.　② 구름이 떠 있어요.

맞아요. ①번이 더 재밌지요? ②번은 왠지 심심해요.

왜 ①번이 더 재밌을까요?

'하얀', '뭉게뭉게' 같은 말이 들어갔기 때문이지요.

뭉게뭉게

구름이 그냥 떠 있다고 말하면 심심하잖아요.

하지만 '하얀 구름이 뭉게뭉게 떠 있다'라고 하면 훨씬 생생하게 느껴져요.

'하얀'과 '뭉게뭉게'가 구름을 꾸며 주기 때문이지요.

여기서 꾸미다는 '문장을 재미있고 생생하게 만드는 것'을 말해요. '하얀', '뭉게뭉게' 같은 말은 문장을 멋지게 꾸며 주니까 꾸며 주는 말이라고 불러요.

'꾸며 주는 말'이 들어가면 말이나 글이 훨씬 재미있고 생생한 느낌이 나지요.

꾸미다

문장을 재미있고 생생하게 만들다

■ **꾸며 주는 말**

문장을 재미있고 생생하게 만드는 말

🔔 **뭉게뭉게**

뭉게뭉게는 구름이 떠 있는 모양을 흉내 내는 말이기도 해요.

아빠가 방귀를 뿌웅~

TV가 지지지직.

엄마가 접시를 쨍그랑

장식은 '꾸미다'와 같은 말이에요. 모양을 예쁘게 만든다는 말이지요. 그래서 꾸밀 장(裝)이 들어가는 말들은 꾸민다는 뜻을 나타내요.

아이들이 연극을 준비하나 봐요. 곰과 호랑이로 □□했어요.

빈칸에 들어갈 말은 무엇일까요? ( )
① 분장 　② 결투 　③ 사냥 　④ 공부

쉽지요? 답은 ①번, 분장이에요.

분장은 맡은 역할처럼 보이게 꾸미는 거예요.

곰으로 분장했다는 건, 곰처럼 보이도록 꾸몄다는 말이에요.

여자가 남자처럼 보이게 꾸미면 남장이에요.

그럼, 남자가 여자처럼 보이도록 꾸미면 뭘까요?

그래요, 맞아요! 여□이에요.

남장 여자

여장 남자

누구인지 못 알아보도록 일부러 모습을 바꿔 꾸미는 것은
변장이라고 해요. 바꿀 변(變), 꾸밀 장(裝) '변장'이지요.
하하하. 감자 군은 변장해도 금방 알아보겠네요!

나 누구게? ㅋㅋ

꾸미다

거짓으로 지어내다

■ **꾸며 내다**

이야기를 거짓으로 지어내다

꾸며 낸 이야기라니, 무슨 말일까요? (　　　)

① 이야기에 꾸며 주는 말이 들어 있다.
② 이야기를 거짓으로 지어내다.

좀 어려웠지요? 답은 ②번이에요.

꾸미다는 '거짓으로 지어내다'라는 뜻도 가지고 있어요.

듣는 사람에게 사실처럼 보이려고 거짓 이야기를

이것저것 만들어 내는 것이지요.

이것을 꾸며 내다라고 말하기도 해요.

그럼, '꾸며 낸' 이야기를 담은 책은 뭘까요?

답은 동화책이에요. 동화책은 어린이들을 위해 '꾸며 낸' 이야기

를 담은 책이에요.

혹시 일기라고 대답한 친구도 있나요? 일기는 하루 동안 일어났

던 일을 쓰는 거니까, 거짓으로 꾸며 내면 안 돼요. 위인선이나

역사책도 사실을 담은 것이지, 꾸며 낸 게 아니에요.

꾸미다
(모양을 예쁘게
만들다)

꾸미다
(문장을 재미
있고 생생하게
만들다)

꾸며 주는 말

뭉게뭉게

① 공통으로 들어갈 낱말을 써 보세요.

• 크리스마스 트리를 ⬜⬜⬜. • 옷차림을 ⬜⬜⬜.

→ ⬜ ⬜ ⬜

② 어떤 낱말에 대한 설명인지 쓰세요.

1) 맡은 역할처럼 보이게 꾸미다 ➡ ⬜⬜

2) 남자처럼 보이게 꾸미다 ➡ ⬜⬜

3) 누구인지 못 알아보게 꾸미다 ➡ ⬜⬜

③ 알맞은 낱말을 찾아 문장을 완성하세요.

1) '하얀 구름이 뭉게뭉게'에서 하얀과 뭉게뭉게는

⬜⬜ ⬜⬜ ⬜이야.

2) 남자가 여자처럼 보이게 꾸미는 것은 ⬜⬜이야.

3) 연극에서 나무로 ⬜⬜을 했어.

4) 도대체 누구인지 못 알아보게 ⬜⬜을 했군.

4 다음 중 '꾸미다'는 뜻의 '장(裝)' 자가 들어간 낱말들을 모두 찾아 ○표 하
세요.

고추장	자장면	운동장
변장	여장	장갑

5 그림을 보고, 빈칸에 들어갈 알맞은 낱말을 쓰세요.

1)

2)

6 빈칸에 알맞은 낱말을 써서 대화를 완성하세요.

 "너는 연극에서 무슨 역이야?"

 "도깨비를 맡았어."

 "도깨비? ☐☐ 하면 재밌겠다."

장식

분장

남장

여장

변장

꾸미다
(거짓으로
지어내다)

꾸며 내다

엉금엉금, 깡충깡충 흉내 내기

하하. 감자는 무엇을 하고 있는 걸까요? (　　)

① 성질내기　② 소리 내기　③ 멋 내기　④ 흉내 내기

흉내

말이나 행동을 그대로 따라 하는 짓

맞아요. 정답은 ④번, 흉내 내기죠.

흉내는 말이나 행동을 그대로 따라 하는 것이에요.

오른쪽 그림을 보세요. 감자 군이 이번에는 뭘 하고 있나요?

아기가 우는 것을 흉내 내고 있어요.

아기가 우는 걸 잘 흉내 내려면

아기 울음소리도 그대로 따라 해야겠네요.

■ **흉내 내다**
말이나 행동을 그대로 따라 하다

아기 울음소리를 흉내 낸 말은 뭘까요? (　　)

① 하하　　② 응애응애　　③ 깔깔깔　　④ 엉엉

■ **흉내 내는 말**
소리나 모양을 따라 하는 말

맞아요, 정답은 ②번. '하하'나 '깔깔깔'은 웃음소리를

흉내 내는 말이잖아요. '엉엉'은 울음소리고요. 이렇게 소리나

모양을 그대로 따라 하는 말이 흉내 내는 말이에요.

고양이 소리가 좀 이상하지요? 다음 중
가장 어울리는 소리는 뭘까요? (　　)

① 야옹　　　　② 꽥꽥
③ 꿀꿀　　　　④ 짹짹

■ **소리를 흉내 내는 말**

응애응애	멍멍
하하	꽥꽥
깔깔깔	꿀꿀
엉엉	짹짹
야옹	

너무 쉽지요? 정답은 ①번이에요.
오리가 우는 소리는 꽥꽥,
돼지가 우는 소리는 꿀꿀,
참새가 우는 소리는 짹짹.
모두 소리를 흉내 내는 말이에요!
개의 울음소리를 흉내 내는 말은
나라마다 달라요.

진돗개　　마스티프　골든리트리버　푸들

■ **모양을 흉내 내는 말**

살금살금
아장아장
덩실덩실

'살금살금'은 소리를 내지 않고 걷는
모양을 흉내 내는 말이에요.
아기가 걸을 때 '아장아장' 소리가 날까요? 아니요.
아장아장은 아기가 걷는 모양을 흉내 내는 말이에요.
덩실덩실은 즐겁게 춤을 추는 모양을 흉내 내는 말이지요.
흉내 내는 말에는 어떤 것들이 있는지 빈칸을 채워 볼까요?
야옹, 꿀꿀, 응애응애처럼 ☐☐를 흉내 내는 말,
살금살금, 아장아장, 덩실덩실처럼 ☐☐을 흉내 내는 말.

다음 그림을 보고 잘 어울리는 말을 찾아서 ○표 해 보세요.

퐁당, 풍덩

퐁당, 풍덩

큰말
느낌이 큰 말

작은말
느낌이 작은 말

돼지는 물에 풍덩, 토끼는 물에 퐁당 빠졌어요.
커다란 수박이 물 위에 떠 있는 모양은 둥둥,
조그만 딸기가 물 위에 떠 있는 모양은 동동이지요.
풍덩, 둥둥 같은 말은 느낌이 커서 큰말,
퐁당, 동동 같은 말은 느낌이 작아서 작은말이라고 해요.

> 아래 글에서 작은말을 찾아 ○표 해 봐요.
>
> 엄마 돼지는 살이 퉁퉁, 아기 돼지는 살이 통통,
> 아빠 웃음소리는 껄껄껄, 딸의 웃음소리는 깔깔깔.

찾았나요? 작은말은 '통통', '깔깔깔'이에요.
작은말은 밝고 가볍고 작은 느낌을 주지요.

> 뛰는 모양과 어울리는 말을 (　　)에서 찾아 ○표 해 봐요.
>
> 큰 키로 높이 뛰는 모양은 (껑충껑충, 깡충깡충)
> 작은 키로 낮게 뛰는 모양은 (껑충껑충, 깡충깡충).

키가 크면 껑충껑충, 키가 작으면 깡충깡충이겠죠?
그래서 키가 큰 사람에게 '키가 껑충하다'라고 말하잖아요.
키가 작은 사람은? '키가 깡총하다'라고 하지요.

통통이 아니라
통통이라니깐!

큰말	작은말
풍덩	퐁당
둥둥	동동
퉁퉁	통통
껄껄껄	깔깔깔
껑충껑충	깡충깡충

'우는 시늉'은 무슨 말일까요? ( )

① 울기 시작한다.
② 멈추지 않고 계속 운다.
③ 우는 흉내를 낸다.

시늉
실제로 하지 않고 흉내만 내는 것

척하다
거짓으로 꾸며서 행동하다

정답은 ③번이에요. 시늉은 실제로 하지 않고 흉내만 내는 거예요. 청소하는 시늉은? 맞아요, 제대로 청소하지도 않으면서 청소하는 흉내만 낼 때 하는 말이지요.

위 그림의 빈칸에 들어갈 말은 뭘까요? ( )

① 말　　② 척　　③ 정　　④ 증

🔔 ~는(은) 체하다
'모르는 체하다'는 '모르는 척하다'와 같은 말이에요. 알면서도 거짓으로 모르는 것처럼 꾸미는 거지요.

정답은 ②번, '안 먹은 척하다'는 먹고도 안 먹은 것처럼 꾸민다는 말이에요. 척하다는 이렇게 거짓으로 꾸며서 행동하는 거예요.
거짓으로 자는 것처럼 꾸미면 '자는 척하다'.
거짓으로 모르는 것처럼 꾸미면 '모르는 척하다'지요.

| 흉 내 내 는 말 | 시 늉 | 척 하 다 |
| 큰 말 | 작 은 말 | 깡 충 깡 충 | 껑 충 껑 충 |

❶ 공통으로 들어갈 낱말을 쓰세요.

- 응애응애, 깔깔, 엉엉, 꿀꿀, 짹짹은 소리를 ☐☐ 내는 말
- 살금살금, 아장아장, 덩실덩실은 모양을 ☐☐ 내는 말

→ ☐ ☐

❷ 어떤 낱말에 대한 설명인지 쓰세요.

1) 느낌이 큰 말 ➡ ☐☐

2) 실제로 하지 않고 흉내만 내는 것 ➡ ☐☐

3) 아기가 걷는 모습을 흉내 내는 말 ➡ ☐☐☐☐

❸ 알맞은 낱말을 찾아 문장을 완성하세요.

1) 새가 날아 갈까 소리내지 않고 ☐☐☐☐ 걸어요.

2) 공부는 하지 않고, 공부하는 ☐ 한다.

3) 깡충깡충! 창현이가 토끼 ☐☐ 를 내요.

4) 통통한 돼지가 물에 빠지면 풍덩, 날씬한 토끼가 물에 빠지면 ☐☐.

❹ 문장에 어울리는 낱말을 골라 ○표 하세요.

1) 내 동생은 뭐든지 잘 먹어서 (통통 / 풍덩)해요.

2) 거짓으로 자는 거 다 아니깐 (자는 척 / 우는 척) 그만하고 일어나!

3) 너 울지 않고 우는 (시늉 / 모양)만 하는 거 다 알아.

4) 한국은 멍멍, 미국은 바우와우, 나라마다 (흉내 / 시늉) 내는 말이 달라.

5 두 낱말 중 더 작은말에 ○표 하세요.

1) 풍 당 – 풍 덩
2) 둥 둥 – 동 동
3) 통 통 – 퉁 퉁
4) 깔 깔 깔 – 껄 껄 껄
5) 껑 충 껑 충 – 깡 충 깡 충

6 그림과 어울리는 낱말을 연결하세요.

1)

• 덩실덩실

2)

• 응애응애

3)

• 야옹

4)

• 껄껄껄

큰말
작은말
풍덩
퐁당
둥둥
동동
퉁퉁
통통
껄껄껄
깔깔깔
껑충껑충
깡충깡충
시늉
척하다
~는(은) 체하다

어쩜 저렇게 잘생겼니…

저런, 여학생들이 장당근에게 홀딱 빠졌군요!
잘생겼다는 말은 생긴 것이 남들보다 뛰어나다는 뜻이에요.

노래하는 것이 뛰어나면 노래를 □한다, 공부를 뛰어나게 하면 공부를 □한다고 하지요. 빈칸에 공통으로 들어갈 말이 뭘까요? (　　　)

① 잘　　　　　　② 안　　　　　　③ 못

맞아요. ①번이에요.
잘은 '뛰어나게, 훌륭하게'를 뜻해요.
자, 그럼 아래 빈칸을 채워 볼까요?
고구려의 주몽 왕자는 활을 잘 쏘고,
김연아는 스케이트를 □ 타요.
음악가는 연주를 □하고,
요리사는 음식을 □ 만들죠.
남보다 옷을 멋지게 입으면 옷을 □ 입는다고 해요.
돈이 아주 많으면? □산다고 하지요.

잘
뛰어나게

■ **잘생기다**
　생긴 것이 남보다 뛰어나다

■ **잘하다**
　훌륭하고 뛰어나다

■ **잘살다**
　돈이 많아 부유하게 살다

그런데 잘살려면 꼭 돈 많고 좋은 집에서 살아야 할까요?
그렇진 않아요. 사람마다 잘사는 기준은 다르지만, 몸도 마음도
편안하고 건강하게 사는 게 잘 사는 거예요.
잘은 이렇게 몸과 마음이 '편안하게'라는 뜻으로도 쓰여요.

잘
편안하게

하하하. 엄마 눈치 안 보고 신 나게 놀았군요!
엄마는 아이들이 '옳고 바르게' 지내고 있기를 바랐어요.
잘에는 '옳다, 바르다'라는 뜻도 있거든요. 하지만 아이들은
'몸과 마음이 편안하게' 잘 지낸 거 같네요.

잘
바르게

목청이 좋아 노래를 멋지게 부르면 노래를 잘한다고 하지요.
하지만 버릇처럼 자주 노래하는 것도 노래를 잘 하는 거예요.
그러니까 위의 그림처럼 오해하는 일도 생기겠지요?
혹시 작은 일에도 깜짝깜짝 놀라는 친구 있어요?
그런 걸 잘 놀란다고 해요.
잘에는 이렇게 '자주, 습관으로'라는 뜻도 있답니다.

잘
자주

그림에서 '아들 잘 두었다'라는 말의 뜻은 뭘까요?

참 마음에 드는 아들이라는 말이에요.

어떤 사람에게 잘하면 그 사람도

나에게 잘하겠지요?

그러면 서로 마음에 드는 사이가 되는 거예요.

> 아이고, 할아버지 아들 **잘** 두셨네.

> ■ **잘나가다**
> 모든 일이 잘되어 성공하다

자, 그럼 여기서 퀴즈! 어른들이 잘 쓰는 "옆집 아저씨, 요즘 잘나가."라는 말의 뜻은 무엇일까요? (　　)

① 옆집 아저씨는 요즘 자주 외출한다.
② 옆집 아저씨는 요즘 하는 일마다 성공한다.

맞았어요. 정답은, ②번이에요. 가로막는 것 없이 모든 일이 잘 된다는 말이에요.

하지만 '잘'이 늘 좋은 뜻으로만

쓰이는 것은 아니에요.

오른쪽 그림을 보세요.

엄마가 게임 레벨이 높다고 칭찬하고

계신 길까요?

아니지요. 설마 엄마가 시험 공부

안 하고 게임한다고 칭찬하시겠어요?

엄마는 야단을 치고 계신 건데….

'잘한다'는 이렇게 야단치는 말이기도 해요.

그러니까 조심해서 사용해야겠지요?

그나저나 게임을 빨리 그만두고 시험공부를 하지 않으면

큰일이 나겠는걸요.

> **잘한다,**
> 시험 기간에
> 게임이나 하고.

> 저 레벨 높아서
> 칭찬하시는 거예요?

못
할 수 없다

안
하고 싶지 않다

달리기를 잘한다는 것은 남보다 잘 뛴다는 말이지요.

그럼 달리기를 못하는 건 뭐고, 안 하는 건 뭘까요?

못하는 건 잘하고 싶은데 할 수가 없는 거예요.

안 하는 것은 하고 싶은 마음이 없는 거고요.

> 그렇다면 다음 빈칸에는 어떤 말이 들어가야 할까요? (　　,　　)
>
> 엄마 : 떡볶이 먹어라!
> 뭉치 : 먹고는 싶은데, 배불러서 ☐ 먹겠어요.
> 민호 : 매워서 먹기 싫어요. ☐ 먹을래요.

맞았어요. 배불러서 못 먹고, 먹기 싫어서 안 먹는 거죠.

> 그럼 '잘한다'의 반대말은 뭘까요? (　　)
>
> ① 안 한다.　　　　② 못한다.　　　　③ 관둔다.

②번이에요. 이렇게 '잘' 대신 '못'이 들어가면 반대의 뜻이 돼요.

'잘나다'와 같은 말로
'잘생기다'가 있어.
'잘생기다'의 반대말은
'못생기다'지.

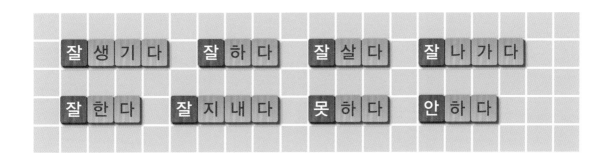

잘
(뛰어나게)

잘생기다

잘하다

잘살다

잘
(편안하게)

잘
(바르게)

잘
(자주)

1 공통으로 들어갈 낱말을 쓰세요.

• 가수는 노래를 ☐한다.
• 요리사는 음식을 ☐ 만든다.
• 모델은 옷을 ☐ 입는다.
• 김연아는 스케이트를 ☐ 탄다.

→ ☐

2 밑줄 친 '잘'이 어떤 뜻으로 쓰였는지 연결하세요.

1) 아기 때는 누구나 잘 운다. •   • 편안하게

2) 혁이는 얼굴이 잘생겨서 인기가 많다. •   • 뛰어나게

3) 그동안 잘 지냈니? •   • 자주

3 빈칸에 '잘, 못, 안' 중 알맞은 낱말을 쓰세요.

1) 물을 열심히 주니 나무가 ☐ 자라는걸.

2) 먹고 싶지만, 배가 불러서 더는 ☐ 먹겠어요.

3) 춤을 추고 싶지 않아서 ☐ 추는 거야.

4) 레몬이 시어서 ☐ 먹을래요.

4 문장에 어울리는 낱말을 골라 ○표 하세요.

1) 그림을 (잘 / 안) 그리는 언니는 화가가 되고 싶대요.

2) 점심을 (잘 / 못) 먹어서 배가 고파요.

3) 여러분, 방학 동안 건강하게 (잘 / 못) 지내세요.

4) 무서운 영화는 (안 / 못) 볼래요.

5) 노래를 하고 싶지만, 감기에 걸려서 노래를 (안 / 못)하겠어.

5 그림을 보고, 빈칸에 들어갈 알맞은 낱말을 쓰세요.

할머니 : 왜 감을 ☐ 먹니? 동생 주려고?

민호 : 감이 너무 떫어서 ☐ 먹는 거예요.

잘나가다
잘한다
못 (할 수 없다)
못하다
못생기다
안 (하고 싶지 않다)
안 하다

6 그림과 어울리는 낱말을 연결하세요.

1)

• • 수영을 안 하다.

2)

• • 수영을 못하다.

3)

• • 수영을 잘하다.

태양은 스스로 빛을 내는 큰 별이에요. 그래서 태양, 즉 해와 관련된 말에는 '볕'이라는 뜻의 양(陽) 자가 들어가 있어요. 반면에 달은 스스로 빛을 내지 못하고, 태양에 반사된 모습만 보여 주지요. 그래서 달과 관련된 말에는 '그늘'이라는 뜻의 음(陰) 자가 많이 붙지요. 그러니까 음양은 그늘과 볕이라는 뜻으로 각각 태양과 달에 관련된 낱말들에 주로 쓰이겠네요.

양(陽)은 태양, 음(陰)은 달

내 생일은 양력 6월 13일, 아빠 생신은 음력 12월 7일이래요.
그런데, 양력은 뭐고, 음력은 뭘까요?
지구는 태양 주위를 일 년에 한 바퀴씩 돌고 있어요.
이것을 기준으로 날짜를 계산하는 방식이 양력이에요.
지구가 태양 주위를 도는 것처럼 달은 지구 주위를 돌고 있어요. 달이 지구를 한 바퀴 도는 데 약 30일이 걸려요.
이것을 기준으로 날짜를 계산하는 방식이 음력이지요.
달력에 적힌 큰 숫자가 양력 날짜이고,
작은 숫자가 음력 날짜예요.

陰 그늘 음	陽 볕 양
그늘과 볕	

■ **태양(太**클 태 **陽)**
스스로 빛을 내는 큰 별
■ **달**
지구 주위를 도는 위성
■ **양력(陽 曆**달력 력)
태양을 기준으로 날짜를 계산하는 방식
■ **음력(陰曆)**
달을 기준으로 날짜를 계산하는 방식
■ **달력(曆)**
일 년을 열두 달로 나누어서 놓은 것

매일 모습이 달라지는 달은 모양에 따라 부르는 이름도 달라요.
음력 15일은 우리말로 '보름'이라고 해요.
보름에 뜨는 둥근 달은 보름달이고요.
음력 1일부터 며칠 동안을 '초승'이라고 해요.
이때 뜨는 달은 초승달이죠.
음력 30일은 그믐이라고 하고, 이때 뜨는 달은 그믐달이죠.
반달은 오른쪽이 볼록한 모양의 상현달, 왼쪽이 불룩한 모양의
하현달로 구분해서 불러요.

달과 해가 가려지는 현상

한낮인데 갑자기 해가 사라지는 일
이 일어나기도 해요.
태양과 달, 지구가 한 방향으로 나
란히 놓이면서 달의 그림자가 태양
의 일부나 전부를 가려서 보이지
않는 거예요. 이런 현상을 일식이라고 해요.
월식은 달이 지구의 그림자 속에 들어가서 전부 또는 일부가 보이
지 않게 되는 현상을 말해요.
일(日)은 태양뿐 아니라 '하루'를 나타내기도 해요.
계절이 바뀌는 시기가 되면 '일교차가 크다'라고 하잖아요.
가장 높은 온도는 최고 기온, 가장 낮은 온도는 최저 기온이라
고 해요. 일교차는 하루의 최고 기온과 최저 기온의 차이고요.

이 무슨 변괴인고

■ **보름달**
음력 15일 밤에 뜨는 둥근 달

■ **초승달**
초승에 뜨는 달

■ **그믐달**
그믐에 뜨는 달

■ **상현달**
오른쪽으로 부푼 반달 모양의 달

■ **하현달**
왼쪽으로 부푼 반달 모양의 달

■ **일식**(日해 일 蝕가릴 식)
달이 태양의 일부나 전부를 가
리는 현상

■ **월식**(月달 월 蝕)
달이 지구의 그림자 속에 들어
가서 전부 또는 일부가 보이지
않게 되는 현상

■ **최고 기온**(最가장 최 高높을 고
氣공기 기 溫따뜻할 온)
가장 높은 온도

■ **최저 기온**
(最 低낮을 저 氣溫)
가장 낮은 온도

■ **일교차**
(日날 일 較비교할 교 差차이 차)
하루의 최고 기온과 최저 기온
의 차이

어시장에 가본 적이 있나요? 어시장에서는 어부들이 잡은 어류를 사고팔아요. 어류는 물속에서 살면서 아가미로 호흡하는 모든 물고기를 말해요. 어류를 잡는 사람은 어부이고, 어류를 파는 시장은 어시장이지요. 그러고 보니 모두 물고기를 뜻하는 어(魚) 자가 들어갔네요.

물고기를 나타내는 어(魚)

물고기 이름은 생김새에 따라 이름이 붙여진 것들이 많아요.
광어는 납작하게 생겨서 광(廣넓을 광)어예요. 넓대대하여 '넙치'라고도 하죠.
은어는 주둥이의 턱뼈가 은처럼 하얗다고 은(銀은 은)어예요.
장어는 몸길이가 60센티미터 정도로 길어서 장(長길 장)어지요.
홍어는 마름모 모양의 물고기라 홍(洪넓을 홍)어이고요.
청어는 등이 짙은 청색이라 청(靑푸를 청)어지요.
사는 곳이나 잡히는 곳에 따라 분류하는 이름도 있어요.
빙어는 얼음 밑에 사는 물고기라 얼음 빙(氷) 자가 들어가요.
깊은 바다인 심해에 사는 물고기는 심해어라고 하지요.

魚 물고기 어	類 무리 류

물속에서 살면서 아가미로 호흡하는 모든 물고기

■ 어부(漁고기 잡을 어 夫사내 부)
물고기 잡는 사람

■ 어시장
(魚 市시장 시 場마당 장)
물고기를 사고파는 시장

■ 광어(廣넓을 광 魚)
납작하게 생긴 물고기

■ 은어(銀은 은 魚)
주둥이의 턱뼈가 은처럼 하얀
물고기

■ 장어(長길 장 魚)
몸길이가 긴 물고기

■ 홍어(洪넓을 홍 魚)
마름모 모양의 물고기

바다에 사는 물고기는 해수어라고 하고, 호수나 시냇가 등 민물에 사는 물고기를 담수어라고 해요. 담수어는 흔히 민물고기라고도 불러요. 담수는 짠맛이 없는 물이어서 민물이라고도 하거든요. 아참! 멸치, 대구처럼 이름에 '어'자가 붙지 않은 물고기들도 많아요.

어류와 관련된 말, 말, 말!

물속에 사는 물고기는 어떻게 숨을 쉴까요?
아가미를 통해 산소를 받아들이고, 내보내면서 숨을 쉬어요.
그럼, 다리가 없는 물고기는 어떻게 움직일까요?
바로 등, 꼬리, 배, 가슴 등에 있는 지느러미를 이용해서 바다 속을 자유롭게 왔다 갔다 하지요.

또 물고기는 부레라는 공기 주머니가 있어서 헤엄치지 않고도 물에 떠 있을 수 있어요. 하지만 상어, 홍어, 가오리 같은 물고기는 부레가 없어서 쉬지 않고 계속 헤엄쳐야 해요.

물고기는 알을 낳아 새끼를 키워요. 이때 어린 물고기를 치어라고 해요. 물고기의 피부는 비늘로 덮여 있는데 자라면서 점점 커져요. 그래서 물고기 나이는 비늘로 알 수 있지요.

청어(靑푸를 청 魚)
등이 짙은 청색인 물고기

빙어(氷얼음 빙 魚)
얼음 밑에 사는 물고기

심해어(深깊을 심 海바다 해 魚)
깊은 바다에 사는 물고기

해수어(海 水물 수 魚)
바다에 사는 물고기

담수어(淡맑을 담 水 魚)
민물에 사는 물고기

아가미
물속에 사는 동물들이 산소를 받아들이는 기관

지느러미
물고기의 평형을 담당하는 기관

부레
물고기를 뜨고 가라앉게 하는 기관

치어(稚어린 치 魚)
어린 물고기

비늘
물고기 피부를 덮고 있는 조각

씨낱말
블록 맞추기

음 양

1 [보기]의 낱말과 관련된 낱말을 쓰세요.

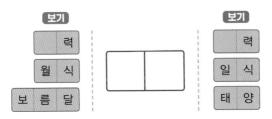

보기

력
월 식
보 름 달

보기

력
일 식
태 양

2 주어진 낱말을 넣어 문장을 완성하세요.

1)

	양
음	력

태양을 기준으로 날짜를 계산하는 방식은 ☐☐ , 달을 기준으로 날짜를 계산하는 방식은 ☐☐ 이에요.

2)

	월
일	식

태양이 달에 가려 안 보이는 현상은 ☐☐ , 달이 지구의 그림자에 가려 안 보이는 현상은 ☐☐ 이에요.

3)

	하
	현
상	현 달

오른쪽으로 볼록한 반달은 ☐☐☐ , 왼쪽으로 볼록한 반달은 ☐☐☐ 이에요.

3 문장에 어울리는 낱말을 골라 ○표 하세요.

1) 올 여름 가장 더운 (최고 기온 / 최저 기온)인 34도를 기록했다.

2) (일식 / 월식)은 달이 전부 또는 일부가 보이지 않는 현상이다.

3) 음력 15일 밤이면 둥근 모양의 (초승달 / 보름달)이 떠오른다.

4 예문에 알맞은 낱말을 빈칸에 쓰세요. [과학]

태양은 스스로 빛을 내는 큰 별로, 지구가 태양을 중심으로 한 바퀴 도는 데 일 년이 걸려요. 이것을 기준으로 날짜를 계산하는 방식이 ☐☐ 입니다.

음양
태양
달
양력
음력
달력
보름달
초승달
그믐달
상현달
하현달
일식
월식
최고 기온
최저 기온
일교차

씨낱말
블록 맞추기

어 류

1 공통으로 들어갈 낱말을 쓰세요.

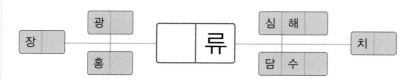

2 주어진 낱말을 넣어 문장을 완성하세요.

1)
	광
은	어

납작하게 생겨서 ☐☐, 주둥이가 은처럼 하얗다고 ☐☐라고 불러요.

2)
치	어
	류

광어, 은어, 멸치같이 아가미로 호흡하는 모든 물고기는 ☐☐이고, 물고기의 새끼는 ☐☐라고 해요.

3)
	해
	수
담	수	어

바다에 사는 상어는 ☐☐☐이고, 호수에 사는 잉어는 ☐☐☐예요.

4)
	빙
심	해	어

☐☐는 얼음 밑에 살고, 아귀는 깊은 바다에 사는 ☐☐☐지요.

3 문장에 어울리는 낱말을 골라 ○표 하세요.

1) (청어 / 장어)는 몸길이가 60센티미터 정도로 길어서 붙여진 이름이야.

2) 바다에 사는 물고기는 (해수어 / 담수어)라고 해.

3) 광어의 (치어 / 은어)들이 알을 깨고 나오고 있네.

4) 상어는 (부레 / 지느러미)가 없어서 쉬지 않고 계속 헤엄쳐.

어류
어부
어시장
광어
은어
장어
홍어
청어
빙어
심해어
해수어
담수어
아가미
지느러미
부레
치어
비늘

가족과 친척이 모이면 친족

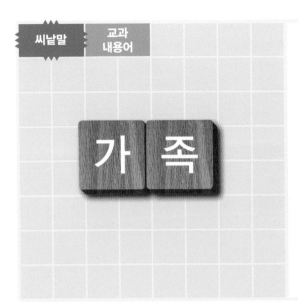

한곳에 모여 사는 부모와 그 자식들을 가족이라고 해요.
집 가(家)와 겨레 족(族)이 합쳐진 말이에요. 또 어머니, 아버지
와 같은 핏줄이어서 가까운 사람들은 친척이라고 하지요.
친족은 가족과 친척을 아울러 부르는 말이에요. 옛날에는 한 동
네 전체가 친족으로 이루어진 마을이 많았어요. 친족도 넓게 보
면 모두 한가족인 셈이죠.

이런 가족, 저런 가족

여러분의 가족은 몇 명인가요? 세 명, 네 명? 많아야 다섯 명?
현대의 가족 형태는 대부분 부모와 결혼하지 않은 자식들로 이
루어져 식구 수가 많지 않아요. 이러한 가족 형태를 핵가족이라
고 해요.
불과 몇십 년 전만 해도 우리나라의 가족 형태는 확대 가족이었
어요. 할아버지, 할머니와 엄마, 아빠, 심지어 작은아버지, 작
은어머니도 한집에서 살았죠. 온종일 집안이 시끌벅적했어요.
6·25전쟁을 겪으며 많은 가족들이 죽거나 헤어지게 되었죠. 이
처럼 이리저리 흩어져서 서로 소식을 모른 채 살아가는 가족들

家 집 가	族 겨레 족
한곳에 모여 사는 부모와 그 자식들	

- **친척**(親친할 친 戚친척 척)
어머니, 아버지와 같은 핏줄이
어서 가까운 사람
- **친족**(親族)
같은 핏줄로 가까운 관계에 있
는 사람
- **핵가족**(核씨 핵 家族)
엄마, 아빠와 결혼하지 않은 자
식들로 이루어진 가족
- **확대 가족**
(擴넓힐 확 大큰 대 家族)
여러 세대가 모여 사는 가족
- **이산가족**
(離떠날 리 散흩어질 산 家族)
서로 흩어져 소식을 모른 채 살
아가는 가족

을 이산가족이라고 해요.

요즈음에는 여러 가지 이유로 다양한 형태의 가족이 생겨나요.

부모 없이 할머니, 할아버지와 손주가 사는 조손 가족,

엄마나 아빠 중 어느 한쪽 부모하고만 사는 한 부모 가족,

전혀 남남인 아이를 입양해서 부모 자식 관계를 맺는 입양 가족

그리고 최근에는 다른 국적을 가진 사람끼리 결혼하여 이루어진

다문화 가족도 많이 늘어나고 있답니다.

이런 친척, 저런 친족

명절에 친척들이 모이면 할아
버지는 한집안의 조상과 자손
의 관계를 기록한 책인 족보
를 꺼내 오세요.

"우리 권 씨 가문의 본(本)은
안동이니라."라고 말씀하시

> 우리 권 씨 가문의 본은 안동이고, 뿌리가 깊은 가문이다.

며 자신의 뿌리에 대해 긍지를 가지라고 말씀하셨죠.

본(本)은 가문이 시작된 곳을 말해요. 그래서 성과 본이 같은 사
람들의 집단을 종족이라고 하죠.

종족에 대해 친밀감을 느끼는 것은 오래도록 전해 내려온 씨족
사회의 영향 때문인지도 몰라요. 씨족은 같은 조상에서 나온 피
로써 맺어진 집단이거든요. 하긴 우리 민족은 모두 같은 겨레인
동족이니, 누구도 남이라고 할 수 없겠네요.

조손 가족(祖할아버지 조 孫손
자손 家族)
부모 없이 할머니, 할아버지와
손주가 사는 가족

한 부모 가족
(父아비 부 母어미 모 家族)
엄마나 아빠 중 어느 한쪽 부모
하고만 사는 가족

입양 가족(入들 입 養기를 양
家族)
남남인 아이를 입양해서 부모
자식 관계를 맺는 가족

다문화 가족(多많을 다 文글월
문 化될 화 家族)
다른 국적을 가진 사람끼리 결
혼하여 이룬 가족

족보(族 譜족보 보)
한 집안의 조상과 자손의 관계
를 기록한 책

종족(宗근본 종 族)
성과 본이 같은 사람들의 집단

씨족(氏성씨 씨 族)
같은 조상에서 나온 피로써 맺
어진 집단

동족(同같을 동 族)
같은 겨레

핵	가	족		확	대	가	족		친	족			종
										보		동	족
입	양	가	족		다	문	화	가	족				

조사하면 다 나와

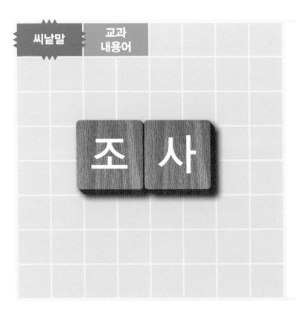

조사 결과! 어제 나만 빼고 치킨을 먹었군.

조사는 모르거나 분명하지 않은 일을 알기 위해서 자세히 살피거나 찾아보는 일이에요. 특히 현장에 나가서 직접 보고 조사하는 것을 답사라고 하고, 알려지지 않은 것을 찾아서 조사하는 것은 탐사라고 하지요.

조사와 관련 있는 낱말

'우리 반 친구들의 장래 희망'에 대해 조사해 보려고 해요.

우선, 설문지에 조사 항목을 만들어서 반 친구들에게 돌려요.

설문은 조사를 위해 어떤 주제에 대해 문제를 내서 묻는 것이에요. 이 설문지를 바탕으로 조사 보고서를 만들 거예요.

보고서에는 조사 목적, 조사 내용, 조사 방법 등을 써야 한답니다.

조사 목적은 조사해서 이루려고 하는 방향을 말해요.

그럼, 이 보고서에서 조사 대상은 누구일까요?

네, 바로 설문 조사에 참여한 우리 반 학생들이죠.

그리고 조사 방법은 설문지를 이용한 설문 조사가 되겠네요.

답사는 현장에 가서 직접 보고 조사를 한다는 점이 특이해요.

調 고를 조 | 査 조사할 사

명확히 알기 위해 자세히 살펴보거나 찾아봄

- **답사**(踏밟을 답 査)
현장에 가서 직접 보고 조사함
- **탐사**(探찾을 탐 査)
알려지지 않은 것을 찾아서 조사함
- **조사 항목**
조사할 낱낱의 사항
- **설문**(設만들 설 問물음 문)
조사를 위해 어떤 주제에 대해 문제를 내서 묻는 것
- **조사 보고서**
조사 결과를 보고하는 글
- **조사 목적**
조사해서 이루려고 하는 방향
- **조사 대상**
조사의 상대 또는 목표

실제 답사 때 생길지 모를 문제를 줄이기 위해 현장에 먼저 가보는 일은 사전 답사, 사물이 있는 실제 장소를 답사하는 것을 현장 답사라고 해요.

조사와 비슷하면서도 다른 말들

사(査) 자가 들어간 말 중에 전문적인 조사를 뜻하는 말도 있어요. 심사는 자세히 조사를 해서 그 결과에 따라 등급이 정해지거나 합격, 불합격이 결정될 때에 쓰는 말이죠.

청원 심사는 국민이 국회나 국가, 시 등을 상대로 바라는 일을 요구하면, 이를 심사하는 거예요.

감사라는 말에는 감독하고 검사한다는 의미가 있어요. 해마다 텔레비전에서 생중계되는 국정 감사는 국가의 정책이 잘 수행되고 있는지 감독하고 검사하는 거예요.

검사는 무엇이 옳고 그른지, 좋고 나쁜지 등을 조사해서 알아낸다는 뜻이에요. 혈액형 검사, 숙제 검사 등 생활 속에서 많이 대하는 말이지요.

수사라는 말도 있어요. 국가 기관에서 범인을 찾기 위해 조사하는 일이지요. 그래서 수사관이라는 직업은 범인을 찾거나 범죄 사건을 조사하는 일을 전문적으로 해요.

조사 방법	조사를 위한 수단이나 방법
사전 답사 (事 일 사 前 앞 전 踏査)	미리 답사하는 것
현장 답사 (現 나타날 현 場 마당 장 踏査)	현장을 답사하는 것
심사(審 깊을 심 査)	자세하게 조사하여 등급이나 합격, 불합격을 결정함
청원 심사(請 청할 청 願 원할 원 審査)	국민이 국회나 국가, 시 등을 상대로 바라는 일을 요구함
감사(監 볼 감 査)	감독하고 검사함
국정 감사(國 나라 국 政 정사 정 監査)	정부가 한 일을 감사함
검사(檢 검사할 검 査)	옳고 그름을 조사해서 알아냄
수사(搜 찾을 수 査)	범인을 찾기 위해 조사함
수사관(搜査 官 관리 관)	범인을 찾거나 범죄 사건을 조사하는 일을 하는 직업

말풍선: 혈액형 **검사** 결과 범인은 O형이군.

말풍선: 우리 가족은 모두 O형이라고.

답 / 탐 **사** / 심 / 감 **사** / 검 / 수 **사** / 조 사 목 적 / 조 사 대 상 / 조 사 보 고 서

1 공통으로 들어갈 낱말을 쓰세요.

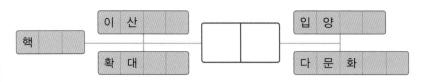

| 가족 |
| 친척 |
| 친족 |
| 핵가족 |
| 확대 가족 |
| 이산가족 |
| 조손 가족 |
| 한 부모 가족 |
| 입양 가족 |
| 다문화 가족 |
| 족보 |
| 종족 |
| 씨족 |
| 동족 |

2 주어진 낱말을 넣어 문장을 완성하세요.

1) [친 / 족 보] ☐☐를 보니 '김해 김' 씨 가문의 ☐☐을 모두 알 수 있군.

2) [입 / 양 / 가 / 다 문 화 가 족] 엄마가 영국인인 민영이네는 ☐☐☐ 가족이고, 동생을 입양한 태수네는 ☐☐ 가족이에요.

3 문장에 어울리는 낱말을 골라 ○표 하세요.

1) 여러 세대가 한집에 모여 사는 가족은 (핵가족 / 확대 가족)이야.

2) 부모 없이 할머니와 손주가 사는 가족은 (조손 가족 / 한부모 가족)이야.

3) 인사드려라, 너의 먼 (씨족 / 친척) 되시는 분이시다.

4) 할아버지는 남북 분단으로 가족이 흩어져 서로 소식을 모르는 (이산가족 / 조손 가족)이에요.

4 예문에 알맞은 낱말을 빈칸에 쓰세요. [사회]

우리는 저마다 가족이라는 울타리 안에서 생활합니다. 민정이네 가족처럼 부모와 결혼한 자녀가 함께 사는 가족을 ☐☐ ☐☐이라고 하고, 은수네 가족처럼 부모와 결혼하지 않은 자녀가 함께 사는 가족을 ☐☐☐이라고 합니다.

씨낱말 블록 맞추기

조 사

① 공통으로 들어갈 낱말을 쓰세요.

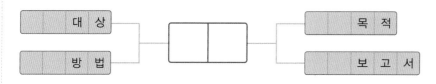

조사
답사
탐사
조사 항목
설문
조사 보고서
조사 목적
조사 대상
조사 방법
사전 답사
현장 답사
심사
청원 심사
감사
국정 감사
검사
수사
수사관

② 주어진 낱말을 넣어 문장을 완성하세요.

1) 우리반 문화재 ☐☐ 답사를 하기 전에 선생님께서 미리 ☐☐ 답사를 다녀오셨어요.

2) 배우에 뽑히기 위해 ☐☐를 받고, 국가 정책이 잘 수행되고 있는지 ☐☐를 받아요.

3) 숙제를 했는지 알아보는 조사는 ☐☐이고, 범인을 찾기 위해 조사하는 것은 ☐☐예요.

③ 문장에 어울리는 낱말을 골라 ○표 하세요.

1) 알려지지 않은 것을 찾아 조사하는 것은 (답사 / 탐사)예요.

2) 조사한 결과는 (조사 보고서 / 조사 방법)를(을) 써서 발표해요.

3) 어떤 기관에서 문제가 생겼을 때 감독하고 검사하는 (심사 / 감사)를 해요.

4) 장래 희망에 대해 설문을 통해 조사하려고 (설문지 / 조사 보고서)를 만들었어요.

5) 답사할 곳을 미리 (사전 답사 / 현장 답사) 하는 게 좋겠어요.

더하기와 덧셈은 같은 말일까요? 더하기는 덧셈을 한다는 뜻이에요. 그럼, 빼기는 뺄셈을 한다는 뜻이죠. 여기서 셈은 수를 세는 일을 말해요. 숫자를 셀 때 하나, 둘, 셋, 넷… 이렇게 세잖아요. 셈을 더하고, 빼고, 곱하고, 나누는 것에 따라 덧셈, 뺄셈, 곱셈, 나눗셈이 돼요.

셈과 식이 들어간 낱말

더하고, 빼고, 곱하고, 나누는 것은 수학의 가장 기본이에요. 그럼, 이와 관련된 말들의 개념을 정확히 알아볼까요?

	셈	식
더하기	여러 수나 식을 더하는 셈 ➡ 덧셈	덧셈을 나타내는 식 ➡ 덧셈식
빼기	한 수에서 다른 수를 빼는 셈 ➡ 뺄셈	뺄셈을 나타내는 식 ➡ 뺄셈식
곱하기	수를 곱하는 셈 ➡ 곱셈	곱셈을 나타내는 식 ➡ 곱셈식
나누기	어떤 수를 다른 수로 나누는 셈 ➡ 나눗셈	나눗셈을 나타내는 식 ➡ 나눗셈식

결국, 더하고, 빼고, 곱하고, 나눈다는 의미에 '셈'과 '식'이라는 말이 붙은 거네요.

셈

수를 세는 일

■ **더하기**
덧셈을 함

■ **덧셈**
여러 수나 식을 더하는 셈

■ **덧셈식**
덧셈을 나타내는 식

■ **빼기**
뺄셈을 함

■ **뺄셈**
한 수에서 다른 수를 빼는 셈

■ **뺄셈식**
뺄셈을 나타내는 식

■ **곱하기**
곱셈을 함

■ **곱셈**
수를 곱하는 셈

■ **곱셈식**
곱셈을 나타내는 식

덧셈과 뺄셈과 관련된 또 다른 낱말 중에 합과 차도 있어요.
합은 둘 이상의 수를 더하거나 더한 값, 차는 어떤 수에서 다른
수를 뺀 나머지예요. 그러니까 합은 덧셈과 연관이 있고, 차는
뺄셈과 연관이 있네요.

곱셈, 나눗셈에 관련된 낱말

"구구단을 외자, 구구단을 외자.
삼오 십오, 구구 팔십일!"
친구들과 '구구단을 외자' 게임을
해 봤을 거예요.
구구단은 1에서 9까지의 각 수를
서로 곱해시 나온 값을 나타낸 것이에요.
곱셈의 기초 공식으로 곱셈구구라고도 해요.
구구단을 잘 알아야 곱셈뿐 아니라 나눗셈도 잘할 수 있어요.
사과의 개수가 모두에게 똑같이 나눠지면, '어머! 딱 나누어떨
어지네.'라고 하지요.
18÷2=9와 같이 어떤 수를 다른 수로 나누었는데, 나머지 없
이 딱 떨어지면 나누어떨어진다라고 해요.
곱셈과 나눗셈과 관련되어 동수누가와 동수누감이라는 말도 있
어요. 동수누가는 같은 수인 동수를 여러 번 더하는 것이어서
간편하게 곱셈식으로 바꿀 수가 있어요. 동수누감은 같은 수인
동수를 여러 번 빼는 것이어서 간편하게 나눗셈으로 바꿀 수가
있지요.

■ 나누기
나눗셈을 함
■ 나눗셈
어떤 수를 다른 수로 나누는 셈
■ 나눗셈식
나눗셈을 나타내는 식
■ 합(合합할 합)
둘 이상의 수를 더하거나 더한 값
■ 차(差다를 차)
어떤 수에서 다른 수를 뺀 나머지
■ 구구단(九아홉구 九段단계단)
1에서 9까지의 각 수를 서로
곱해서 나온 값을 나타낸 것
■ 곱셈구구
구구단의 다른 표현으로
9×9 곱셈표
■ 나누어떨어지다
어떤 수를 다른 수로 나누었는
데, 나머지 없이 나눠짐
■ 동수누가(同 같을 동 數셀 수
累여러 누 加더할 가)
같은 수를 여러 번 더함
■ 동수누감(同數累 減덜 감)
같은 수를 여러 번 뺌

풀이해서 풀기

실을 풀지 말고, 수학 문제를 **풀어라.**

모르는 문제의 답을 알아내거나 해결하는 것을 '문제를 푼다'라고 말하죠. 그런데 풀다와 형태가 비슷한 풀이라는 말도 있어요. 풀이는 어떤 문제에 대한 답을 얻어 내는 것이에요.

문제를 푸는 방법은 여러 가지

조건을 보고, 보라, 소연, 진우, 현석이의 혈액형을 맞춰 볼까요?

> 조건 1) 현석이 혈액형은 O형이야.
> 조건 2) 보라와 진우의 혈액형은 A형이 아니야.
> 조건 3) 소연이와 보라는 A형과 AB형 중 하나야.
> 조건 4) 보라, 소연, 진우, 현석이는 모두 혈액형이 달라.

답이 안 보일 때는 문제의 조건을 표로 만들어서 풀면 쉽지요?

	A형	B형	O형	AB형
보라	×	×	×	○
소연	○	×	×	×
진우	×	○	×	×
현석	×	×	○	×

풀이

어떤 문제에 대한 답을 얻어 냄

■ **풀다**
문제의 답을 알아내거나 해결하다

■ **표**(表도표 표)
어떤 사실들을 일정한 순서에 따라 적은 것

■ **표**(表) **만들어 풀기**
주어진 조건에 알맞은 표를 만들어서 문제를 푸는 방법

이렇게 주어진 조건에 알맞은 표를 만들어서 문제를 푸는 방법을 표 만들어 풀기라고 해요.

수학에서 문제를 푸는 방법은 푸는 방법에 따라 이름이 붙여지는 경우가 많아요.

주어진 수나 조건을 간단히 하여 문제를 푸는 방법은 간단히 하여 풀기!

주어진 조건을 거꾸로 생각하고, 거꾸로 계산하여 문제를 푸는 방법은 거꾸로 생각하여 풀기예요.

주어진 조건에서 일정한 규칙을 찾아서 문제를 푸는 방법은 규칙 찾아 풀기라고 해요. 이렇게 수나 모양이 규칙적으로 어떻게 변하고 있는지 찾아내면 문제가 쉽게 풀리거든요.

주어진 조건을 그림으로 그려서 문제를 푸는 방법은 그림 그려서 풀기지요. 글로 쓰여 있는 문제를 그림으로 그려서 보면, 문제가 한눈에 보이거든요.

나뭇가지 모양의 그림을 그려서 문제를 푸는 방법은 나뭇가지 그림 그려서 풀기예요. 문제에서 나올 수 있는 가짓수를 나무의 줄기로 그려 나가며 풀 수 있어요.

주어진 조건에 알맞은 식을 만들어서 문제를 푸는 방법은 식 만들어 풀기고요. 주어진 문제에서 □로 나타낼 것을 정하고, □를 사용한 식을 세워, 그 식을 푸는 거예요.

문제 풀이 방법을 알아두면, 어려운 수학 문제도 끄떡없겠죠?

간단히 하여 풀기
주어진 수나 조건을 간단히 하여 문제를 푸는 방법

거꾸로 생각하여 풀기
주어진 조건을 거꾸로 생각하고, 거꾸로 계산하여 문제를 푸는 방법

규칙(規법규 則법칙칙)
일정하게 드러나는 질서

규칙 찾아 풀기
주어진 조건에서 일정한 규칙을 찾아서 문제를 푸는 방법

그림 그려서 풀기
주어진 조건을 그림으로 그려서 문제를 푸는 방법

나뭇가지 그림 그려서 풀기
나뭇가지 모양의 그림을 그려서 문제를 푸는 방법

식(式법식)
숫자 계산을 위한 수식

식 만들어 풀기
주어진 조건에 알맞은 식을 만들어서 문제를 푸는 방법

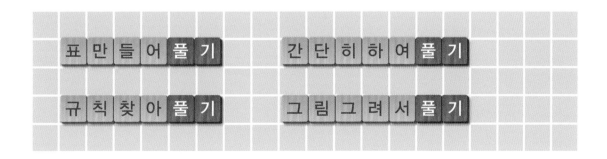

 씨낱말
블록 맞추기

① 공통으로 들어갈 낱말을 쓰세요.

| 빼 식 | | | 덧 | | | 곱 |
| 나 눗 식 | | | 뺄 | | | 곱 구 구 |

더하기

덧셈

덧셈식

빼기

뺄셈

뺄셈식

곱하기

곱셈

곱셈식

나누기

나눗셈

나눗셈식

합

차

구구단

곱셈구구

나누어
떨어지다

동수누가

동수누감

② 주어진 낱말을 넣어 문장을 완성하세요.

1)
| | 뺄 |
| 덧 | 셈 |

합은 □□과 연관이 있고, 차는 □□과 연관이 있어요.

2)
곱	
	하
나 누	기

3×2=6은 '3 □□□ 2는 6과 같습니다.'라고 읽고, 4÷2=2는 '4 □□□ 2는 2와 같습니다.'라고 읽어요.

③ 문장에 어울리는 낱말을 골라 ○표 하세요.

1) 어떤 수에서 다른 수를 뺀 나머지는 (합 / 차)이다.

2) 같은 수를 여러 번 더하는 것은 (동수누가 / 동수누감)이다.

3) (구구단 / 나누기)을(를) 외자! 구구단을 외자! 구구? 팔십일.

④ 예문에 알맞은 낱말을 쓰세요. [수학]

(쓰기) : 6+2=8 ➔ (읽기) : 6 □□□ 2는 8과 같습니다.

6과 2의 □은 8입니다.

(쓰기) : 7-2=5 ➔ (읽기) : 7 □□ 2는 5와 같습니다.

7과 2의 □는 5입니다.

씨낱말
블록 맞추기

풀 이

1 공통으로 들어갈 낱말을 쓰세요.

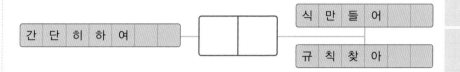

간 단 히 하 여		식 만 들 어
		규 칙 찾 아

2 어떤 풀이 방법을 사용했는지 빈칸에 쓰세요.

> **보기**
>
> 표 만들어 풀기   규칙 찾아 풀기   간단히 하여 풀기
>
> 그림 그려서 풀기   거꾸로 생각하여 풀기   식 만들어 풀기

1) 열 번째 놓이는 바둑돌의 개수를 알기 위해서 바둑돌이 어떤 규칙으로 놓였
는지 알아보고 문제를 풀었어요.

→

2) 바퀴 154개로 만들 수 있는 두 발 자전거와 세 발 자전거의 개수를 알려고
표를 만들어서 문제를 풀었어요.

→ ☐☐☐☐☐☐

3) 민수가 받은 용돈을 알기 위해 오늘 받은 용돈을 ☐로 나타내는 식을 만
들었어요.

→

3 문장에 어울리는 낱말을 골라 ○표 하세요.

1) 어떤 정보를 한눈에 보이도록 나뭇가지 모양으로 나타내 푸는 방법은
(나뭇가지 그림 그려서 / 기둥 모양 그림 그려서) 풀기야.

2) 모양이나 수가 변하는 규칙을 찾아 문제를 푸는 방법은
(규칙 찾아 풀기 / 식 만들어 풀기)야.

3) 태혁이는 복잡한 문제를 수나 조건을 간단히 만드는
(규칙을 찾아 풀기 / 간단히 하여 풀기)로 풀었어.

풀이

풀다

표 만들어
풀기

표

간단히 하여
풀기

거꾸로
생각하여 풀기

규칙 찾아
풀기

규칙

그림 그려서
풀기

나뭇가지 그림
그려서 풀기

식

식 만들어
풀기

높이는 높임말

씨낱말 · 교과 내용어

> 선생님 진지 드세요.

> 역시 **높임말**을 쓰는 동방예의지국!

우리말의 가장 큰 특징 중에 하나가 높임말이 있다는 거예요. 높임말은 사람이나 사물을 높이는 말이에요. 이와 더불어 웃어른을 공경하는 마음을 담은 높임 표현이 많이 발달되어 있지요.

높이는 대상에 따라 이름 붙여진 높임법

높임말은 나이나 지위가 높은 사람을 높이는 말이에요.
선생의 높임말은 선생님, 밥의 높임말은 진지예요.
높임말과 비슷한 높임 표현은 말하는 사람이 말을 듣는 상대방에 따라 말을 높여서 쓰는 방법이에요. 그래서 높이는 상대방이 누구냐에 따라 이름이 다르게 붙여졌지요.
주체 높임법은 말 속의 주체를 높이는 표현 방법이에요.
엄마가 아이에게 "할아버지께 진지 잡수셨는지 여쭈어 봐." 라고 하면 말 속의 주체인 할아버지를 높인 거니까 주체 높임법이라 하지요.
객체 높임법은 말 속의 객체를 높이는 표현 방법이에요.
엄마가 "너도 할머니 뵈러 갈래?"라고 말하면 말 속의 주체인 '너'가 아니라, '할머니'를 높인 거니까 객체 높임법이 되지요.

높임말
사람이나 사물을 높이는 말

■ 높임 **표현**
웃어른을 공경하는 마음을 담은 표현

■ **선생님**
'선생'의 높임말

■ **진지**
'밥'의 높임말

■ **주체**(主주인 주 體몸 체)
문장에서 풀이말의 동작을 하거나 상태를 나타내는 대상

■ **주체 높임법**
주체를 높이는 표현 방법

■ **잡수다**
'먹다'의 높임말

■ **여쭙다**
'묻다'의 높임말

■ **객체**(客손 객 體)
풀이말의 행위가 미치는 대상

상대 높임법은 말을 듣고 있는 상대방을 높여서 표현하지요. 웃어른을 만났을 때 "안녕!"이라고 한다면 상대 높임법을 모르는 거지요. "안녕하세요."라고 하면 상대 높임법을 아는 것이고요.

높임말은 존댓말이라고도 해요. 존대는 한자어로 높여서 '대접한다'는 의미를 가지고 있거든요.
이와 반대로 낮추는 말은 낮춤말, 높이지도 낮추지도 않고 편하게 쓰는 말은 반말이에요.

말하거나 글을 쓸 때 지켜야 할 기준들
우리가 말을 하거나 글을 쓸 때는 지켜야 할 기준들이 있어요.
맞춤법은 글을 바르게 쓰기 위해 일정한 규칙에 맞게 쓰는 방법이에요. 한글의 맞춤법은 한글 맞춤법이지요.
원활한 의사소통을 하기 위해서 한 나라에서 표준이 되게 정한 말인 표준어를 쓰는 것도 중요해요.
원고지에 글을 쓸 때에는 원고지 사용법에 맞추어 쓴 다음에 교정 부호를 이용해서 글을 고쳐요. 교정 부호는 잘못된 부분을 바로잡을 때 쓰는 부호거든요.

객체 높임법
객체를 높이는 표현 방법
상대(相서로 상 對대할 대)
높임법
상대방을 높이는 표현 방법
존대(尊높일 존 待대접할 대)
높여서 대접함
존댓말
높여서 대접하는 말
낮춤말
낮추어 부르는 말
반말
낮추지도 않고 편하게 쓰는 말
맞춤법
글을 바르게 쓰기 위해 만든 일정한 규칙
한글 맞춤법
한글을 표기하는 규칙
표준(標표할 표 準준할 준)
어떤 것의 근거나 기준
표준어(標準 語말씀 어)
나라에서 표준으로 정한 말
원고지
(原근본 원 稿원고 고 紙종이 지)
원고 쓰기 편리하게 만든 종이
교정 부호(校교정할 교 正바로잡을 정 符부호 부 號이름 호)
교정할 때 쓰는 부호

서양 악기는 양악기, 우리나라 악기는 국악기

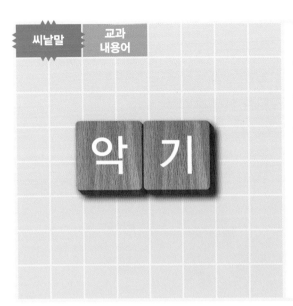

저것이 서양 악기래요.

서양 악기는 국악기와는 소리도 모양도 다르구먼.

樂	器
음악 악	도구 기
음악을 연주하는 기구	

악기는 음악을 연주하는 기구를 말해요. 악기는 나라별, 시대별로 다양하게 만들어지고 발달했지요. 우리나라 고유의 음악인 국악을 연주하는 전통 악기는 국악기라고 하고, 서양의 음악인 양악을 연주하는 악기는 양악기라고 해요.

서양 악기를 구분하는 낱말

악기의 이름은 악기를 만든 재료에 따라서 소리를 내는 방법에 따라 이름이 붙여졌어요.
현악기는 현을 튕기거나 켜서 소리를 내는 악기지요.
현은 기타 같은 악기의 앞부분에 매어져 있는 평평한 줄이에요.
우리나라의 거문고나 가야금도 현이 있기 때문에 현악기에 속해요.
관악기는 입으로 불어 넣은 공기가 악기의 관을 떨게 해서 소리가 나는데, 원통 모양의 관이 무엇으로 만들어졌느냐에 따라 금관 악기와 목관 악기로 나눠요.
금관 악기는 관이 금속으로 만들어졌고, 목관 악기는 관이 나무로 만들어졌어요. 그러니까 '뚜뚜 따따' 소리를 내는 트럼펫은 금관 악기이고, 플루트 같은 악기는 목관 악기겠지요.

- **국악**(國나라국 樂)
  우리나라 고유의 음악
- **국악기**(國樂器)
  국악을 연주하는 전통 악기
- **양악**(洋서양양 樂)
  서양 음악
- **양악기**(洋樂器)
  서양의 악기
- **현**(絃줄 현)
  악기에 매어져 있는 평평한 줄
- **현악기**(絃樂器)
  줄(현)을 튕겨서 소리 내는 악기
- **관악기**(管대롱관 樂器)
  입으로 불어 넣은 공기가 관을 떨게 하여 소리 내는 악기타악기는 무언가를 때리는 악기라는 뜻으로 손이나 채로 두드리거나 서로 부딪쳐서 소리를 내는 심벌즈 등이 해당되죠. 우리나라의 북, 장구 등도 모두 타악기예요.

피아노는 건반을 손가락으로 두드리거나 눌러서 소리를 내기 때문에 건반 악기라고 불러요.

국악과 관련된 낱말

국악은 우리나라의 전통 음악을 말하지요. 그럼, 케이팝(K-Pop)이 국악이냐고요? 에이, 케이팝은 우리 전통과 연관이 없잖아요. 농아이나 판소리 같은 것들이 국악이에요.

케이팝도 국악이에요?

케이팝은 국악이 아니어.

국악은 어떤 음악을 언제 어디서 연주하느냐에 따라 음악과 악기를 구분하는 말들이 있어요.

농촌에서 일할 때나 명절에 연주되던 민속 음악을 농악이라고 해요. 농악에 사용되는 악기들은 농악기고요. 농악기에는 북이나 장구, 꽹과리 등이 있어요.

향악은 삼국 시대부터 전해 내려오는 고유의 민속 음악이에요. 향악에 사용되는 향악기에는 가야금, 거문고 등이 있지요.

우리나라 궁중에서 행사가 있을 때 연주되던 음악인 아악도 있어요. 아악은 맑은 음악이란 뜻으로 아악기에는 편종, 편경 등이 있지요.

금관 악기
(金쇠금 管 樂器)
금속으로 된 관악기

목관 악기
(木나무목 管 樂器)
나무로 된 관악기

타악기(打칠타 樂器)
손이나 채로 두드리거나 서로 부딪쳐서 소리를 내는 악기

건반 악기
건반을 손가락으로 두드리거나 눌러서 소리를 내는 악기

농악(農농사농 樂)
농촌에서 일을 할 때나 명절에 연주되던 민속 음악

농악기(農 樂器)
농악에 사용되는 악기

향악(鄕시골향 樂)
삼국 시대부터 전해 내려오는 우리 고유의 민속 음악

향악기(鄕 樂器)
향악에 사용되는 악기

아악(雅맑을아 樂)
우리나라의 궁중에서 행사가 있을 때 연주되던 음악

아악기(雅 樂器)
아악에 사용되는 악기

양		양		현			타	농
국 **악**		**악**		**악**			**악**	향 **악**
국 **악** 기	관 **악** 기	건 반 **악** 기						

1 공통으로 들어갈 낱말을 쓰세요.

| 주 체 | | 법 | | 객 체 | | 법 |

| | 표 현 | | | 상 대 | | 법 |

| | | 말 |

2 주어진 낱말을 넣어 문장을 완성하세요.

1)

| 존 |
| 댓 |
| 낮 춤 | 말 |

아버지께는 ☐☐☐을, 동생에게는 ☐☐을 ☐을 사용해요.

2)

| | 객 |
| 주 | 체 |

"너도 할머니를 뵈러 갈래?"는 ☐☐ 높임법이고, "할아버지 진지 드셨어요?"는 ☐☐ 높임법이에요.

3 문장에 어울리는 낱말을 골라 ○표 하세요.

1) 문장에서 풀이말의 행위가 미치는 대상을 높이는 표현 방법은 (객체 높임법 / 주체 높임법)이야.

2) 할머니께는 (존댓말 / 낮춤말)을 쓰는 거야.

3) 한 나라에서 표준이 되게 정한 말은 (방언 / 표준어)야.

4) '먹다'의 높임말은 (잡수다 / 여쭵다)야.

4 어울리는 말을 찾아서 ○표 하세요.

1) 아주머니! (안녕. / 안녕하세요.)

2) 할아버지! (진지 드세요. / 밥 드세요.)

3) 동생이 (주무십니다. / 잠을 잡니다.)

4) 선생님께 (물어봐. / 여쭈어 봐.)

높임말

높임 표현

선생님

진지

주체

주체 높임법

잡수다

여쭵다

객체

객체 높임법

상대 높임법

존대

존댓말

낮춤말

반말

맞춤법

한글 맞춤법

표준

표준어

원고지

교정 부호

1 공통으로 들어갈 낱말을 쓰세요.

| 타 | | 현 | | | | 금 관 | |
| | | 향 | | | | 목 관 | |

악기

국악

국악기

양악

양악기

현

현악기

관악기

금관 악기

목관 악기

타악기

건반 악기

농악

농악기

향악

향악기

아악

아악기

2 주어진 낱말을 넣어 문장을 완성하세요.

1) 양 국 악

서양의 음악은 ☐☐, 우리나라 고유의 음악은 ☐☐이죠.

2) 현 악 타 악 기

줄을 켜는 바이올린은 ☐☐☐이고, 두드려서 소리를 내는 북은 ☐☐☐죠.

3) 농 아 악

농사를 지을 때는 ☐☐을, 궁중에서 행사가 있을 때는 ☐☐을 연주했죠.

3 문장에 어울리는 낱말을 골라 ○표 하세요.

1) 농악에 사용되는 악기는 (농악기 / 아악기)야.

2) 현(줄)을 튕기거나 켜서 소리를 내는 악기는 (현악기 / 타악기)야.

3) 가야금, 거문고처럼 향악에서 연주하는 악기는 (농악기 / 향악기)야.

4 예문에 알맞은 낱말을 빈칸에 쓰세요. [음악]

악기는 소리 내는 방법에 따라 분류할 수 있어요. 현을 튕기거나 켜서 소리를 내는 현악기, 두드리거나 서로 부딪쳐서 소리를 내는 타악기, 공기가 원통 모양의 관을 떨게 해서 소리 내는 ☐☐☐가 있어요.

1)			4)		5)			7)
				6)				
2)		3)						
						8)		
		11)		12)				
							13)	
	9)				14)			
					15)			
10)								
				16)				

정답 | 143쪽

🔑 가로 열쇠

2) 물고기를 사고 파는 시장

4) 다른 국적을 가진 사람끼리 결혼하여 이룬 가족. ○○○ 가족

6) 볕과 그늘

8) 주체를 높이면 주체 ○○○, 객체를 높이면 객체 ○○○.
상대를 높이면 상대 ○○○.

10) 상황이나 분위기에 알맞다,
"색깔이 ○○○○."
"옷차림이 ○○○○."

11) 하늘과 물이 평평하게 맞닿은 선

15) 서양의 악기

16) 같은 겨레

🔑 세로 열쇠

1) 나라에서 표준으로 정한 말

3) 꾸미다. "크리스마스 트리를 ○○하다."

5) 서로 어울리는 음들 = 어울림음

7) 조사를 위한 수단이나 방법

9) 색깔이 들어간 유리

10) 상어, 장어, 광어 등 물고기는 모두 ○○

12) 선생을 높여 부르는 말

13) 여러 수나 식을 더하는 셈.
"1+1은 '1 ○○○ 1'이라고 읽어."

14) 입양하여 부모 자식의 관계를 맺은 가족

1 뜻이 비슷한 단어끼리 짝 지어지지 <u>않은</u> 것은? (　　) `국어능력인증시험형`

① 대인 : 거인　　　② 가족 : 친족　　　③ 한패 : 한편

④ 모양새 : 생김새　　　⑤ 유선 : 무선

2 밑줄 친 부분을 가장 적절한 한자어로 대체한 것은? (　　) `국어능력인증시험형`

① <u>인간의 무리</u>가 가까이 오고 있다. → 人類(인류)

② <u>집에서 키우는 짐승</u>을 잘 돌봐야 한다. → 家具(가구)

③ <u>두 분 부모님</u> 모두 파주에 살고 계십니다. → 母親(모친)

④ <u>사람이 버리고 떠난 집</u>엔 거미줄만 무성하다. → 生家(생가)

⑤ 여긴 <u>사람 모양을 닮은</u> 장난감만 파는 가게다. → 人工(인공)

3 밑줄 친 단어의 뜻이 바르지 <u>않은</u> 것은? (　　) `국어능력인증시험형`

① 땅이 얼마나 넓은지 <u>지평선</u>이 보인다. → 하늘과 땅이 평평하게 맞닿은 선

② <u>한마음</u>으로 나아간다면 못해 낼 일이 없다. → 같은 마음

③ 마음이 허할수록 외부 <u>장식</u>에 공을 들인다. → 자연스레 만들어진 것

④ 지난여름에 <u>친척</u>과 함께 계곡에서 물놀이를 했다. → 부모님들의 가족

⑤ <u>농가</u>의 소득을 올릴 수 있는 방법을 마련해야 한다.

　　→ 농사짓는 사람이 살고 있는 집

4 괄호 안의 한자가 바르지 <u>않은</u> 것은? (　　) `KBS 한국어능력시험형`

① 친(親)밀　　　② 가(家)장　　　③ 직선(善)

④ 색(色)연필　　　⑤ 인(人)공위성

5 밑줄 친 단어에 대한 설명으로 적절하지 <u>않은</u> 것은? (   ) KBS 한국어능력시험형

① <u>죽도</u>란 대나무로 만든 칼을 말하죠.

② <u>명명백백</u>은 명백을 강조한 말이에요.

③ 큰 길의 가장자리에 난 길을 <u>갓길</u>이라고 해요.

④ 남자가 여자처럼 옷을 꾸미고 다니는 걸 <u>남장</u>이라고 해요.

⑤ <u>촉감</u>이나 <u>감촉</u>은 바로 쓰나 거꾸로 쓰나 그 뜻은 비슷해요.

6 〈보기〉는 태양계의 변화와 관련한 설명이다. 빈칸에 알맞은 말을 바르게 수학능력시험형
쓴 것은? (   )

┌─〈보기〉──────────────
│ (가) 겨울에서 봄으로 바뀌는 시기엔 (   )이(가) 크다.
│ (나) 달의 그림자가 태양을 가려 태양의 일부 또는 전체가 보이지 않는 현상
│   을 (   )(이)라 한다.
└──────────────────────

① (가) – 월교차 (나) – 월식　　　② (가) – 월교차 (나) – 일식

③ (가) – 일교차 (나) – 월식　　　④ (가) – 일교차 (나) – 일식

⑤ (가) – 월교차 (나) – 음력

7 문맥에 맞는 어휘를 <u>잘못</u> 선택한 것은? (   ) 수학능력시험형

① 그는 고개를 (모로 / 도로) 저으며 말했다.

② 건물 (모서리 / 모퉁이)를 돌면 편의점이 나온다.

③ 우리는 (한목소리로 / 한배로) 소풍 가기를 원한다.

④ 아주 어렵고 중요한 (한바탕 / 한고비)을(를) 넘겼다.

⑤ 다정하게 대해 주시는 아저씨를 우리는 (야단스럽다 / 친절하다)고 한다.

8 보기의 밑줄 친 (가) ~ (다)에 들어갈 단어로 옳은 것은? (　　)

〈보기〉

우리가 모르거나 분명하지 않은 일을 알기 위해서 자세히 살피거나 찾아보는 일이 필요해요. 그래서 사고나 사건이 일어나면 원인 (가)○○를 벌이는 거죠. 자세히 살피고 찾다보면, 모르는 것을 분명히 알게 될 거예요. 특히 현장에 나가서 직접 보고 살피는 것을 (나)○○라고 하고, 알려지지 않은 것을 찾아서 나서는 것은 (다)○○라고 하죠.

① (가) – 답사 (나) – 탐사 (다) – 조사

② (가) – 탐사 (나) – 조사 (다) – 답사

③ (가) – 조사 (나) – 답사 (다) – 탐사

④ (가) – 답사 (나) – 조사 (다) – 탐사

⑤ (가) – 조사 (나) – 탐사 (다) – 답사

9 한자와 그 뜻이 바르지 않게 짝 지어진 것은? (　　)

① 色 – 빛　　　　② 家 – 집　　　　③ 線 – 줄

④ 人 – 사람　　　⑤ 親 – 멀다

10 다음 보기 문장 중 한자로 고친 것이 틀린 것은? (　　)

〈보기〉

한곳에 모여 사는 (가)부모와 그 자식들을 (나)가족이라 하죠. 또 어머니, 아버지와 같은 핏줄이어서 가까운 사람들은 (다)친척이라고 한답니다. 이 가족과 친척을 아울러 이르는 말로 (라)친족이 있어요. 옛날에는 한 동네 (마)전체가 친족으로 이루어진 마을이 많았어요.

① (가) 父母　　　② (나) 家族　　　③ (다) 親戚

④ (라) 親足　　　⑤ (마) 全體

⑪ **밑줄 친 부분을 적절한 한자어로 대체하지 <u>않은</u> 것은? (　　)**

① 음악을 연주하는 <u>기구</u>는 나라와 시대에 따라 다르다. → 樂器(악기)

② <u>청소나 빨래 같은 집안일</u>은 나눠서 하면 서로 편하다. → 家事(가사)

③ 우리나라 산 모양은 <u>구불구불하게 그어진 선</u>처럼 생겼다. → 曲線(곡선)

④ 누구인지 모르게 <u>모습을 바꿔</u> 나타나니 헷갈리기 십상이다. → 變裝(변장)

⑤ <u>현장에 나가 직접 보고 조사하고</u> 나니 모든 게 분명해진다. → 壯士(장사)

⑫ **밑줄 친 단어의 뜻이 바르지 <u>않은</u> 것은? (　　)**

① <u>능선</u>을 따라 햇살이 퍼지고 있다.

　　→ 산 위에 모난 부분을 따라 죽 이어진 선

② 머리가 <u>모서리</u>에 부딪혀 피가 났다.

　　→ 튀어나온 가장자리

③ 철수가 수학 문제 <u>풀이</u>에 재미를 붙였다.

　　→ 어떤 문제에 대한 답을 얻어 냄

④ 명수는 우리 반에서 <u>흉내</u>를 제일 잘 낸다.

　　→ 다른 사람을 깎아 내리는 말

⑤ 희경이가 <u>색동옷</u>을 입고 와서 자랑을 한다.

　　→ 팔 부분에 여러 색이 있는 한복

⑬ **〈보기〉와 같은 관계로 짝 지어지지 <u>않은</u> 것은? (　　)**

┌─〈보기〉──────────────
│　　　　　　　진지 : 밥
└──────────────────

① 모 : 옆　　　　② 치아 : 이　　　　③ 성함 : 이름

④ 약주 : 술　　　⑤ 연세 : 나이

⑭ 밑줄 친 단어에 대한 설명으로 적절하지 <u>않은</u> 것은? (   )   KBS 한국어능력시험형

① <u>모양</u>이란 생김새를 뜻하는 말이지.

② 서로 친하게 지내고 사귈 때 <u>어울린다</u>고 해.

③ <u>시늉</u>은 실재로는 하지 않고 흉내만 내는 거야.

④ <u>꾸민다</u>는 건 모양을 예쁘게 만들 때 쓰는 말이지.

⑤ <u>못한다</u>고 할 때엔 하고 싶은 마음이 없다는 거야.

⑮ 문맥에 맞는 어휘를 <u>잘못</u> 선택한 것은? (   )   수학능력시험형

① 너 정말 안 먹은 (정 / 척)할래?

② 노래하는 것이 뛰어나면 노래를 (잘 / 안) 한다고 한다.

③ 영희가 이야기를 거짓말로 (꾸며 내어 / 꼬리치며) 하고 있다.

④ 꽹과리가 북, 장구, 징과 (어우러져 / 휘말려) 신나는 소리를 낸다.

⑤ 철수는 경건한 마음으로 (옷매무새 / 생김새)를 단정하게 다듬었다.

⑯ 〈보기〉의 밑줄 친 (가) ~ (다)에 들어갈 단어로 옳은 것은? (   )   국어능력인증시험형

> ─〈보기〉──────────
> 줄을 튕기거나 켜서 소리를 내는 악기를 (가)○○○라고 합니다. 거문고나
> 가야금이 여기에 해당됩니다. (나)○○○는 입으로 불어 넣은 공기가 통을
> 떨게 해서 소리가 납니다. 트럼펫이나 플루트 같은 악기들을 말합니다. 때
> 려서 소리를 내는 악기는 (다)○○○라고 합니다. 심벌즈, 북, 장구 등이 이
> 에 속합니다.

① (가) – 관악기 (나) – 타악기 (다) – 현악기

② (가) – 타악기 (나) – 현악기 (다) – 관악기

③ (가) – 현악기 (나) – 관악기 (다) – 타악기

④ (가) – 타악기 (나) – 관악기 (다) – 현악기

⑤ (가) – 관악기 (나) – 현악기 (다) – 타악기

📒 **톡톡 문해력 일기** 다음 일기를 읽고, 문제를 풀어 보세요.

20○○년 ○월 ○일	날씨 : 비가 폭포수처럼 내렸다.

오늘은 가족들과 놀이동산에 놀러 가기로 했다. 하지만 아침부터 비가 쏟아져 엄마, 아빠께서는 놀이동산 말고, 영화관으로 향할지 고민하셨다. 동생과 나는 깜짝 놀라 한마음 한뜻이 되어 놀이동산을 가기 위해 아껴 놓았던 옷으로 갈아입고 서둘러 나왔다. 엄마, 아빠는 깔깔깔 웃으며 날씨에 어울리는 옷을 입으라고 하셨다. 동생과 나는 우비로 갈아입고 화음을 맞춰 노래 부르며, 놀이동산으로 향했다.

1 글쓴이는 가족과 어디로 놀러 갔나요? (   )

① 놀러 나가지 못했다   ② 영화관   ③ 놀이동산   ④ 학교

2 밑줄 친 어울리는의 뜻으로 올바른 것은? (   )

① 사귀다   ② 놀다   ③ 말의 앞뒤가 맞다   ④ 어우러지다

3 어울리는 단어를 써서 나만의 일기를 써 보세요.

20 년 월 일	날씨

톡톡 문해력 기사문 **다음 기사문을 읽고, 문제를 풀어 보세요.**

인공 비로 가뭄 해결하기 위해 항공기 투입

가뭄을 해결하기 위해 인공 비를 내리기로 했다. 올봄 강수량이 적어 저수지가 말라 농가의 피해가 지속되자, 정부는 전문가의 조언을 들어 항공기 및 드론을 활용해 전국에 광범위하게 인공 비를 내리게 한다고 밝혔다. 정부 관계자는 인공 비 덕분에 이번 가뭄은 한고비를 넘길 것이라고 말했다.

1 **이 글의 중심 낱말을 빈칸에 쓰세요.**

☐ ☐ ☐

2 **이 글의 중심 문장을 완성하세요.**

정부는 ☐☐ ☐를 내려 ☐☐을 해결하려고 한다.

3 **밑줄 친 낱말과 바꿔 쓸 수 있는 것은? (   )**

① 계속되다   ② 중단되다   ③ 움직이다   ④ 멈추다

4 **이 글의 내용과 다른 것은? (   )**

① 정부는 전문가의 조언에 따라 인공 비를 내리기로 한 것이다.

② 올봄에 비가 많이 내려 농가의 피해가 컸다.

③ 정부는 항공기를 이용해 인공 비를 내리게 할 계획이다.

④ 인공 비 덕분에 가뭄이 해소되어 농가에 도움이 될 것이다.

정답

1장 씨글자

人 사람 인 | 10~11쪽
1. 人
2. 1) 미인 2) 초인종 3) 노인 4) 인류
3. 1) 위인 2) 인조 3) 인어 4) 인형
4. 1) 소인국 2) 애인 3) 초인종 4) 인삼
5. 한국인
6. 1) 미국인 2) 한국인 3) 중국인

家 집 가 | 16~17쪽
1. 家
2. 1) 농가 2) 폐가 3) 가훈 4) 귀가 5) 화가
3. 1) 가장 2) 가사 3) 생가 4) 애견가 5) 가축
4. 1) 인가 2) 가문 3) 전문가
5. 1) 화가 2) 무용가 3) 건축가
6. 화가에 ○

親 친할 친 | 22~23쪽
1. 親
2. 1) 친구 2) 양친 3) 친누나 4) 친척 5) 친목회(또는 친목계)
3. 1) 친절 2) 절친 3) 친목회 4) 부친, 모친 5) 친부모
4. 1) 모친 2) 친형 3) 절친 4) 선친
5. 1) 친절 2) 절친 3) 부친 4) 친척
6. 친형에 ○

한 | 28~29쪽
1. 한
2. 1) 한마음 2) 한식구 3) 한여름 4) 한가운데 5) 한밤
3. 1) 한낮 2) 한걱정 3) 한배 4) 한숨 5) 한목소리
4. 1) 한숨 2) 한겨울 3) 한목소리 4) 한식구 5) 한마을
5. 한편
6. 1) 한솥밥(또는 한식구) 2) 한가운데

모 | 34~35쪽
1. 모
2. 1) 모서리 2) 모퉁이 3) 구석 4) 이모저모
3. 1) 모난 돌 2) 길모퉁이 3) 모서리 4) 네모
4. 1) 세모 2) 모서리 3) 모로 젓다 4) 모난 돌이 정 맞는다
5. ②
6. 1) 세모 2) 구석 3) 모서리

모양 | 40~41쪽
1. 모
2. 1) 모양자 2) 모형 3) 옷차림새(또는 옷매무새) 4) 모조품
3. 1) 모양새 2) 모조품 3) 모범상 4) 모형
4. 1) 옷차림새 2) 모형 3) 세모 모양 4) 모범
5. 1) 짜임새 2) 모형
6. 꼴

낱말밭

幼兒 유아 | 46쪽
1. 유아
2. 1) 유치원, 유아원 2) 여아, 남아 3) 동화, 동요 4) 동시, 동심
3. 1) 미아 2) 고아 3) 육아 4) 동안 5) 유충

規範 규범 | 47쪽
1. 규범
2. 1) 규약, 규율 2) 규정, 규제 3) 범위, 광범위 4) 규범, 모범생
3. 1) 규격 2) 시범 3) 규제 4) 규정 5) 범주

刀劍 도검 | 52쪽
1. 도검
2. 1) 검객, 검술 2) 단도, 죽도 3) 단검, 장검
3. 1) 집도 2) 과도 3) 명검
4. ②

산길 | 53쪽
1. 길
2. 1) 산길, 들길 2) 골목길, 지름길 3) 뱃길, 찻길
3. 1) 내리막길 2) 뱃길 3) 우회로
4. ③

남, 여 | 58쪽
1. 여
2. 1) 장녀, 장남 2) 여장, 남장 3) 여왕, 여류
3. 1) 장녀 2) 여사 3) 여권 4) 궁녀
4. ④

감촉, 촉감 | 59쪽
1. 1) 국외 2) 절반
2. 1) 회의, 의회 2) 왕국, 국왕 3) 식량(양식), 절반(반절)
3. 1) 촉감 2) 출가 3) 가출 4) 단계 5) 계단
4. ①

구절, 구구절절 | 64쪽
1. 1) 사사건건 2) 명명백백
2. 1) 기묘, 기기묘묘 2) 각, 각각
3. 1) 사사건건 2) 각각 3) 별별 4) 명명백백
4. ④

표지, 겉표지 | 65쪽
1. 1) 겉 2) 꽃
2. 1) 매화, 꽃 2) 생일, 날
3. 1) 날 2) 매화 3) 단발 4) 겉 5) 집
4. ⑤

선, 악 | 70쪽
1. 선, 악
2. 1) 선의, 악의 2) 선행, 악행 3) 선순환, 악순환
3. 1) 선행 2) 악조건 3) 악당
4. ②

밥, 진지 | 71쪽
1. 1) 진지 2) 성함
2. 1) 나이, 연세 2) 이름, 성함 3) 이, 치아
3. 1) 부친 2) 약주 3) 밥 4) 집
4. ⑤

어휘 퍼즐 | 72쪽

¹¹산	²¹길		³¹선	악			⁴¹구
모		⁵¹부	친				구
통					⁶¹처		절
³¹이	빨			⁷¹인	가	⁸¹친	절
			공		모	형	
				⁹¹여	왕	범	
¹⁵¹미	아						¹⁴¹학
¹⁶¹애	인					조
견			¹⁸¹출	가		
가				¹⁹¹사	사	건	건

色 빛 색 |78~79쪽

1. 色
2. 1) 색깔 2) 색유리 3) 연두색 4) 새빨갛다 5) 새하얗다
3. 1) 색종이 2) 색안경 3) 샛노랑 4) 분홍색 5) 연두색
4. 1) 색깔 2) 색동옷 3) 색안경
5. 1) 색동옷 2) 색종이
6. ① 남색 ② 분홍색 ③ 연두색 ④ 주황색

線 줄 선 |84~85쪽

1. 線
2. 1) 점선 2) 사선 3) 전선 4) 지평선 5) 차선
3. 1) 포물선 2) 경부선 3) 수평선 4) 국내선 5) 무선
4. 1) 전선 2) 수평선 3) 노선
5. 1) 점선 2) 곡선 3) 꺾은선
6. 1) 능선 2) 노선 3) 광선 4) 점선

어울리다 |90~91쪽

1. 어울리다
2. 1) 사귀다 2) 알맞다
3. 1) 어우러진 2) 화음 3) 어울리는 말
4. 1) 참새 2) 오징어 3) 운동화
5. ③
6. ①, ④, ②, ③

꾸미다 |96~97쪽

1. 꾸미다
2. 1) 분장 2) 남장 3) 변장
3. 1) 꾸며 주는 말 2) 여장 3) 분장 4) 변장
4. 변장, 여장
5. 1) 여장 2) 남장
6. 분장

흉내 내다 |102~103쪽

1. 흉내
2. 1) 큰말 2) 시늉 3) 아장아장
3. 1) 살금살금 2) 척(또는 체) 3) 흉내 4) 퐁당
4. 1) 통통 2) 자는 척 3) 시늉 4) 흉내
5. 1) 퐁당 2) 동동 3) 통통 4) 깔깔깔 5) 깡충깡충
6. 1) 응애응애 2) 덩실덩실 3) 껄껄껄 4) 야옹

잘 |108~109쪽

1. 잘
2. 1) 자주 2) 뛰어나게 3) 편안하게
3. 1) 잘 2) 못 3) 안 4) 안
4. 1) 잘 2) 못 3) 잘 4) 안 5) 못
5. 안, 못
6. 1) 수영을 못하다. 2) 수영을 안 하다. 3) 수영을 잘하다.

씨낱말

음양 |114쪽

1. 음양
2. 1) 양력, 음력 2) 일식, 월식 3) 상현달, 하현달
3. 1) 최고 기온 2) 월식 3) 보름달
4. 양력

어류 |115쪽

1. 어
2. 1) 광어, 은어 2) 어류, 치어 3) 해수어, 담수어 4) 빙어, 심해어
3. 1) 장어 2) 해수어 3) 치어 4) 부레

가족 |120쪽

1. 가족
2. 1) 족보, 친족 2) 다문화, 입양
3. 1) 확대 가족 2) 조손 가족 3) 친척 4) 이산가족
4. 확대 가족, 핵가족

조사 |121쪽

1. 조사
2. 1) 현장, 사전 2) 심사, 감사 3) 검사, 수사
3. 1) 탐사 2) 조사 보고서 3) 감사 4) 설문지 5) 사전 답사

덧셈, 뺄셈 |126쪽

1. 셈
2. 1) 덧셈, 뺄셈 2) 곱하기, 나누기
3. 1) 차 2) 동수누가 3) 구구단
4. 더하기, 합, 빼기, 차

풀이 |127쪽

1. 풀기
2. 1) 규칙 찾아 풀기 2) 표 만들어 풀기 3) 식 만들어 풀기
3. 1) 나뭇가지 그림 그려서 2) 규칙 만들어 풀기 3) 간단히 하여 풀기

높임말 |132쪽

1. 높임
2. 1) 존댓말, 낮춤말 2) 객체, 주체
3. 1) 객체 높임법 2) 존댓말 3) 표준어 4) 잡수다
4. 1) 안녕하세요. 2) 진지 드세요. 3) 잠을 잡니다. 4) 여쭈어 봐.

악기 |133쪽

1. 악기
2. 1) 양악, 국악 2) 현악기, 타악기 3) 농악, 아악
3. 1) 농악기 2) 현악기 3) 향악기
4. 관악기

어휘 퍼즐 |134쪽

			표		다	문	화		조	
			준				음	양	사	
	어	시	장				식		방	
			식					높	임	법
				수	평	선				
						생			더	
			색			님		입	하	
			유				양	악	기	
어	울	리	다					가		
류						농	족			

종합문제 |135~139쪽

1. ⑤ 2. ① 3. ③ 4. ③ 5. ④ 6. ④ 7. ② 8. ③ 9. ⑤ 10. ④
11. ⑤ 12. ④ 13. ① 14. ⑤ 15. ② 16. ③

문해력 문제 |140~141쪽

1. ③ 2. ④
3.

20○○년 ○월 ○일	날씨 : 해가 쨍쨍하다.

오랜만에 날이 화창해서 좋아하는 색깔의 옷을 입었다. 내가 좋아하는 색은 풀과 같은 초록색이다. 멋진 곡선 무늬가 있는 옷이라 어디든 잘 어울린다. 가방도 예쁜 장식으로 꾸미고 친구도 만나서 신나게 놀았다.

1. 인공 비 2. 인공 비, 가뭄 3. ① 4. ②

집필위원

정춘수	권민희	송선경	이정희	신상희	황신영	황인찬	안바라
손지숙	김의경	황시원	송지혜	한고은	김민영	신호승	
강유진	김보경	김보배	김윤철	김은선	김은행	김태연	김효정
박 경	박선경	박유상	박혜진	신상원	유리나	유정은	윤선희
이경란	이경수	이소영	이수미	이여신	이원진	이현정	이효진
정지윤	정진석	조고은	조희숙	최소영	최예정	최인수	한수정
홍유성	황윤정	황정안	황혜영				

문해력 잡는 초등 어휘력 A-1 단계

글 권민희 송선경 신상희 신호승
그림 쌈팍
기획 개발 정춘수

1판 1쇄 인쇄 2025년 1월 16일
1판 1쇄 발행 2025년 1월 31일

펴낸이 김영곤 **펴낸곳** ㈜북이십일 아울북
프로젝트2팀 김은영 권정화 김지수 이은영 우경진 오지애 최윤아
아동마케팅팀 명인수 손용우 양슬기 이주은 최유성
영업팀 변유경 한충희 장철용 강경남 김도연 황성진
표지디자인 박지영 임민지

출판등록 2000년 5월 6일 제406-2003-061호
주소 (우 10881) 경기도 파주시 문발동 회동길 201
연락처 031-955-2100(대표) 031-955-2122(팩스)
홈페이지 www.book21.com

ⓒ ㈜북이십일 아울북, 2025

ISBN 979-11-7357-041-4
ISBN 979-11-7357-036-0 (세트)

• 제조자명 : ㈜북이십일	• 제조연월 : 2025. 01. 31.
• 주소 : 경기도 파주시 회동길 201(문발동)	• 제조국명 : 대한민국
• 전화번호 : 031-955-2100	• 사용연령 : 3세 이상 어린이 제품